人物叢書

新装版

豊臣秀次《とよとみひでつぐ》

藤田恒春

日本歴史学会編集

吉川弘文館

豊臣秀次木像

（善正寺蔵，『史迹と美術』55，1935年より転載）

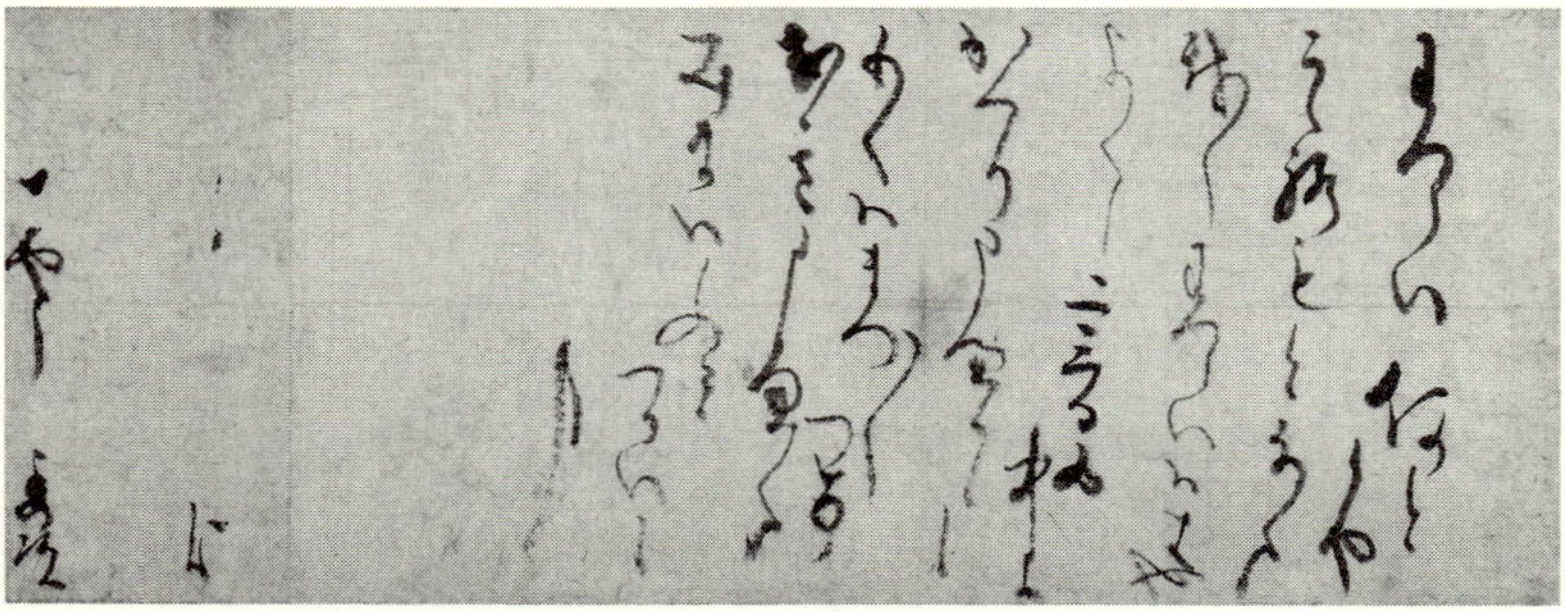

豊臣秀次書状（前田育徳会尊経閣文庫蔵）

はしがき

本書の主人公豊臣秀次は、跡継ぎのいなかった豊臣秀吉の養子となり、関白職を譲られるが、秀吉に実子秀頼が生まれると疎んじられ、高野山へ追放後、自害に追い込まれ、三条河原では妻子が侍女ともども処刑された、秀吉に翻弄された人物として知られている。

文禄四年（一五九五）、イスパニア人で聖フランシスコ会のフライ・ジェロニモ・デ・ジェズースは、総督ドン・ルイス・ペレス・ダスマリーニャスへ送った報告書のなかで、秀次を「ネロの再来」とまで書いている（松田毅一訳『一六―一七世紀日本・スペイン交渉史』）。

また、在日三十年余、日本通であった宣教師ルイス・フロイスですら秀次のことを、「殿の野蛮さは非常に野獣的なもので、カリグラ帝やドミティアヌス帝、その他の僭主《せんしゅ》（武力で君主の位を奪った者）さえも人間の怪獣性では関白殿に一歩譲っているように思われた」と酷評した。秀次が行なったと言われる囚人への試し斬りや鉄炮の試し打ちなどのことを指してのことと思われる。ちなみに、カリグラ帝（在位西暦三七～四一年）は、暴君として知られる先のローマ帝国皇帝ネロの伯父にあたり、残忍で浪費家の独裁者として知られ、ドミティアヌス帝（在位西暦八一～九六年）も「第二のネロ」とまでいわれ、暴虐の末に暗殺された皇帝として知られている。はやくヨーロッパに紹介された日本人で、ローマ帝国の暴君たちになぞらえて、これほどまでに悪しざまに評された人物はいないのではないだろうか。

秀次の行状について記されたものは、江戸時代へ入ってからのものが多いだけに、宣教師たちの同時代の書翰や報告書は貴重な証言といわざるをえない。ただ、これらの書簡や報告書も、かれら自身直接に見聞きしたわけではないことを忘れてはならない。同時代の史料ではあるが、間接的な史料であり、日本人から見聞きしたことを誇張して書き連ねた可能性すら残している。

フロイスの秀次評は、秀次生前と死後では大きく相違し、当初は「新関白殿は、弱年ながら深く道理と分別をわきまえた人で、謙虚であり、短慮性急でなく、物事に慎重で思慮深かった」と、評価しており、宣教師の時の権力者への見方を暗示している（松田毅一・川崎桃太訳『フロイス日本史』二、二四四頁）。もっとも、「一五九五年十月のルイス・フロイスの年報補遺」に拠れば、秀次の嗜虐的性癖は根も葉もないことではなかったようだが、そのような行動をとるようになったのは彼のおかれた人間関係や環境が大きく影響しているように思われるのである（松田毅一監訳『十六・七世紀イエズス会日本報告集』第Ⅰ期二巻）。

文禄四年（一五九五）の秀次の死から八四年を経た延宝七年（一六七九）刊行の地誌「京師巡覧集」（丈愚著）には、彼の菩提寺の善正寺の記事に、つぎのような記載が見られる。大意は「豊臣秀次公は、諸侯を従えていたにもかかわらず、その徳が正しくない。外見を繕ってはいるが信望はない。人として本心を忘れ人に対し心厚くなければ、たとえ国々を得たとしても何になろう。珠玉をもって高い山に棲む鵲を打つことに異ならない。苛政は虎に襲われて死ぬことよりも怖ろしい」ということになる。

小瀬甫庵の『太閤記』（寛永二年自序）が刊行されたのちの秀次評であるが、京都ではもはやこのような秀次酷評が一般的であった可能性をうかがわせる。

秀次自身がどれほど理解していたか忖度《そんたく》することはできないが、少なくとも豊臣政権の正当な後継者として一時期であれ政権を委ねられようとしたことは確実なことであった。実戦上の戦功も領主支配の実績もほとんどない秀次が、本人の意思とは別個の事情で政権のトップに据え置かれたのである。文学的表現を借りれば、ここに悲劇の舞台がまわりはじめたといえよう。

織田信長の右筆でのちに彼の一代記である『信長公記』を著した太田和泉守牛一は、信長・秀吉・秀次・秀頼そして家康をいれ五代と当時の政権者を認識していた。結果として謀叛などと喧伝されたものの、慶長十年代においては秀吉後継者として豊臣政権二代目として秀次を理解していたのである。

戦国の世が終焉を迎えようとしている時代、もっと違った人生を送ることができたであろうことを思えば、秀次は実に気の毒な境涯であったということもできる。かれの一生は、叔父豊臣秀吉によって翻弄されることとなった。この時代、自らの意思で力強く生きていった人物ではない秀次の一生を描くことはいささか気重に感じられる。

右に掲げたごとく江戸時代および明治以降の史書類は、おしなべて秀次を酷評あるいは冷ややかにしか取りあげていない。本書では、後世喧伝された秀次の汚名を雪《すす》ぐことを企図するものではなく、ありのままの秀次を描きだすことを本書の目的としたい。したがって、後世の編纂物などは極力排し、当該期の史料を駆使していく。秀吉により人生を翻弄されつづけた秀次の素顔が見えてくるとすれば望外の仕合である。

二〇一四年三月

藤田恒春

目次

口絵

挿図

第一　生い立ち

一　豊臣の家系

秀次誕生

豊臣秀次は、三好吉房《みよしよしふさ》と妻とものあいだに永禄《えいろく》十一年（一五六八）に生まれた、というのが通説となっている。この点は後述することにして、秀次の母ともが、豊臣秀吉の姉であったことこそが、秀次の生涯を決定づけたといえることから、彼の生い立ちを知るには、さきに秀吉一家を紹介しなければならないだろう。

秀吉父木下弥右衛門

秀吉はあまりにも知られた人物ではあるが、両親など縁戚についてはあまり明確ではない。良質の史料ではないが「太閤素生記《たいこうすじょうき》」（延宝八年以前成立）によれば父親は尾張国《おわりのくに》愛知郡《あいちごおり》中村の住人で木下弥右衛門《きのしたやえもん》と伝える。織田信秀につかえ鉄炮足軽をつとめていたが、負傷したので中村へ引っ込み百姓となったとしている。天文《てんぶん》十二年（一五四三）正月二日亡くなった。

母なか

母は同郡御器所《ごきそ》村の出身でなかという。木下弥右衛門へ嫁ぎ、とも（智）・藤吉郎秀

豊臣秀吉像〔伝　狩野光信筆〕（大阪城天守閣蔵）

吉・小一郎長秀（のち秀長《ひでなが》）・旭姫《あさひひめ》の四人の子供をもうけた。彼女は、天正《てんしょう》十八年（一五九〇）十二月吉日附、伊藤加賀守秀盛の願文写《がんもんうつし》に「大政所《おおまんどころ》様　丑之御年七十四歳」とあり、同二十年七月に亡くなったことから永正《えいしょう》十七年（一五一七）丑年生まれで、享年七十六であったことがわかる（「桜井文書」『岐阜県史』）。

天正十四年十月、徳川家康を上洛させるための方便として秀吉は、母親を人質として岡崎へ送っている。十一月十一日、徳川家康は大政所を帰還させたことにより家康と秀吉の関係は、表面的には家康が秀吉に臣従化したことを意味したのである。

筑阿弥と再婚

なかは弥右衛門が亡くなったのち、同年に織田信秀（信長の父）の同朋衆《どうほうしゅう》筑阿弥《ちくあみ》と再婚しているが、まもなくその筑阿弥とも死別した。秀吉は寡婦となった母親を身近におき孝養を尽くしたと伝え、このことが戦前の太閤偉人伝に大きく利用された。のち、秀

母大政所と呼ばれる

吉が関白に任ぜられてからは、大政所と呼ばれ、従一位に叙せられた。天正二十年七月二十二日亡くなった。享年七十六（桑田忠親『豊臣秀吉研究』角川書店、一九七五年）。

なかの妹は小出秀政《こいでひでまさ》に嫁いでおり、なかが亡くなったのち、天正二十年八月四日、秀吉が高野山へ一万石を寄進したおり、秀吉の名代として聖護院道澄《しょうごいんどうちょう》が派遣され、その供奉《ぐぶ》に小出秀政と中村一氏《なかむらかずうじ》が従ったのは、義姉の関係によるものであった（『高野山文書』二）。

母親とも木像

（善正寺蔵，『Museum』34，1954年より転載）

秀吉姉とも

秀吉と三つ違いの姉であるとも（智）は、没年から天文三年（一五三四）ころの生まれと思われる。木下弥助に嫁し、永禄十一年（一五六八）三十五歳のとき、秀次を生んでいる。このことから、ともは再婚の可能性があるが明確なことはわからない。二男秀勝《ひでかつ》・三男秀保《ひでやす》の三子を生んだと伝えている。秀次・秀勝は、秀吉の養子となり、秀保は秀吉実弟の秀長の養子となった。

次女旭姫

なかの次女旭（朝日）姫は、天文十二年（一五四三）

東福寺南明院

に生まれた。四十四歳のとき、天正十四年（一五八六）五月、徳川家康へ嫁している。彼女は、さきに佐治日向守という人物に嫁いでいたようだが実在の人物ではなく、副田甚兵衛吉成であったことが、その経緯を含め詳しく考証された（福田千鶴『江の生涯』）。秀吉は家康を臣従化させる手立てのため、離婚させたうえで家康へ嫁がせたのである。家康御《み》台所《だいどころ》として浜松城へ入輿したが、同十八年正月十四日、聚楽第《じゅらくてい》《じゅらくだい》で死去した。享年四十八であった。法名は南明院《なんめいいん》殿光室総旭大姉といい、墓は京都東福寺南明院にある。のちのことになるが、秀次事件で東福寺南昌院の虎巌玄隆《こがんげんりゅう》が秀次に連座したにもかかわらず、東福寺が無事であったのは、南明院が秀吉妹の菩提寺であり、家康御台所の菩提寺であったからと思われる。

二　秀次の誕生

父弥助

秀次の父は、初め木下弥助と称し、また長尾氏とも称し、のちに三好吉房あるいは昌《まさ》之《ゆき》と名乗り、実子秀次が秀吉の養子となるに及び羽柴氏と改姓し、天正十八年（一五九〇）、秀次の尾張転封とともに尾張国犬山城へ移り、同二十年清須へ移った。犬山城時代に剃髪し、常閑あるいは一路と号し、法印に任ぜられ、三位法印《さんみほういん》と称した。武蔵入道とも称している。

　もっとも、木下・長尾・三好姓はのちにつけたもので、尾張国海東郡乙の子村（現愛知県海部郡美和町）の住人であった。かれの名前が最初に現れるのは「祖父物語」のなかに「弥助ト云ツナサシアリ、是ハ藤吉郎姉婿也」とみえる。秀吉の出世に従うようなかたちで姓を変えていったようだ（『続群書類従』二十一輯上）。

　広島藩医で致仕後、京都に移り住み、京の地誌類を書き残した黒川道祐《くろかわどうゆう》（?〜一六九一）は、延宝《えんぽう》九年（一六八一）八月、秀次菩提寺の善正寺《ぜんしょうじ》を訪ねた際、次のように書き残している。

○善正寺ニ行、方丈ニ入、此寺ハ本國寺ノ末寺ニテ秀次公ノ母公瑞竜寺日秀尼公、為秀次公造立アリ、本堂ニ両仏釈迦多宝アリ、并日蓮自作像宗門徒尊崇之、衆寮三所化七八十人ナリ、方丈ノ過去帳一覧セリ

一妙泉・道喜・妙喜・妙授　文禄四年乙未八月二日　各々同日　秀次公御息各斬死

一光徳院前参議清巌　秀次公弟丹波少将　天正二十年壬辰九月九日

一善正寺前殿下高巌道意　秀次公　文禄四年乙未七月十五日　二十九歳

一瑞光院贈亜相花嶽妙喜　秀次公末弟　文禄四年乙未四月十六日　十七歳

一瑞龍寺日秀　秀吉姉　秀次公妣《はは》　寛永二年乙丑四月四日　九十二歳

一健性院前三位法印日海　慶長十七年壬子八月二十五日　七十九歳　秀次公父

東西歴覧記

黒川道祐の京の寺社などを巡り歩いた記録である「東西歴覧記」（岩瀬文庫蔵）には右のように過去帳を書き写しており、秀次とふた親の年齢がわかるとともに斬首された愛児は四人であったことが判明する。

父吉房は、没年齢から推すと生年は天文三年（一五三四）となり、秀吉よりも三つ年上であったこととなり、妻のとも（日秀）と同い年であった。

秀次の生年

秀次は、三好吉房ととも（智）とのあいだに、永禄十一年（一五六八）に生まれたというのが通説であるが、根拠は乏しく、没年時の年齢から逆算しての推定にすぎない。秀次の年齢について記したものに『公卿補任』《くぎょうぶにん》があり、天正十五年（一五八七）権中納言へのぼったとき二十と記載し、亡くなる文禄四年には二十八と記されていることから、誕生を永禄十一年としているようだ。右にみた母親とものの年齢からすれば三十七歳のときの子供となり、少しく違和感を覚える。

若輩無智の秀次

彼の年齢を客観的に推測できるものとして、天正十九年十二月、内大臣拝賀の後見を求められた近衛信輔《このえのぶすけ》（のち信尹《のぶただ》）が「若輩無智の秀次卿を後見す」と、このとき二十七歳の近衛が秀次を「若輩」（『三藐院記』）といっていることから、年下であったことだけはまちがいではなく、むしろ『公卿補任』が記す年齢は傍証はできないが、近いものであったと考えても差し支えなさそうである。

一五九五（文禄四）年十月二十日附でルイス・フロイスがイエズス会総長クラウディオ・アクアヴィーヴァへ宛てた年報のなかで「当時（天正十九年）この（養）子は二十五歳であったが、今や三十一歳になっていた」と書いている（『十六・七世紀イエズス会日本報告集』第I期二）。京都瑞泉寺（京都市中京区木屋町三条下る石屋町）所蔵にかかる秀次等を描いた画幅には三十一歳と見え、また「豊臣秀次切腹相伴衆注文写」には「卅二」とあり、史料により若干の相違が見られる（東京大学史料編纂所架蔵「所三男氏持参文書」）。

前にみた「東西歴覧記」では、二十九歳である。フロイスが関白任官のとき二十五歳であったと記していることから亡くなった文禄四年では二十九歳であったと考えるのは妥当であろう。幼名なども伝わらず少年期のことも含め秀次の前半生は謎に秘められたままである。

秀次弟秀勝

つぎに、秀次の弟たちについて簡単に紹介しておこう。

三好吉房とともの二男秀勝は、没年齢からすると永禄十二年（一五六九）の生まれとなる。はじめ小吉と名乗っていた。信長の四男で秀吉の養子となり、天正十年（一五八二）、丹波亀山城主となったお次秀勝が同十三年十二月十日病死したため、その遺領をそのまま相続した。名前が同じであるため混同されやすい。同十三年十月、十八歳のとき妻を迎えている（「兼見卿記」九）。

同十五年の九州攻めに参陣し、帰洛後、少将に昇り、第四で述べる同十六年四月の後陽成天皇聚楽第行幸のとき、秀吉が求めた起請文に丹波少将秀勝と署名している。同十七年七月、知行不足を申し立てたため秀吉の勘気にふれ所領を没収されたが、同年十月六日、越前敦賀を与えられ羽柴敦賀少将と称した（「部類文書」二）。翌十八年の小田原攻めに参陣し、七月に甲斐一国を宛行《あてが》われた。ところが、秀勝の母親ともの懇願により八ヵ月後の同十九年三月ころ、甲斐を転じ美濃国岐阜城へ移され、岐阜少将と呼ばれた（『山梨県史』通史編三、『岐阜市史』通史編近世）。

巨済島で病死

天正二十年（一五九二）三月二十日、丹波国桑田郡内で一万石を加増され（「田住文書」）、六月七日、参議に昇進したが（『公卿補任』三）、月のうちに朝鮮へ渡海し、九月九日、巨済島で病死した。継嗣なく断絶した（『多聞院日記』四）。享年二十四であった。

秀次弟秀保

三男秀保は、没年齢からすると天正七年（一五七九）生まれとなる。通称は伝わらない。天正十六年正月八日、大和大納言秀長の養子となり、侍従に任ぜられた。同十八年七月、小田原攻めに参陣し、同十九年正月二十二日、秀長が病死したのち遺領を相続し、大和・紀伊・和泉を領地とし、郡山城主となった（『多聞院日記』四）。十一月八日、従四位下参議に叙任され、同二十年六月七日、権中納言に昇り、大和中納言と呼ばれるようになった。

年齢が事実とすれば、秀勝はともが三十六歳、秀保は四十六歳のときに出産したことになり、秀保は、ともの実子と考えるのは難しく、養子と考えるのが妥当であり、秀次との関係も義兄弟になる可能性がある。

秀吉の姉と妹および甥っ子たちは、秀吉自身子供に恵まれなかったこともあり、彼らの人生そのものが秀吉によって振り回されることとなったのである。

丹波亀山城主お次秀勝

ところで、秀吉はさきに信長四男のお次秀勝を養子に迎えていた。天正十年には丹波亀山城主となり、信長葬儀では位牌をもって参列していた。のち、権中納言にのぼり丹波中納言と呼ばれていた。お次は秀次と同い年だったが、病弱であったようだ。家系的なことからいえばお次のほうが武士の家に生まれ育っている。秀次のように、たまたま甥っ子というだけで秀吉陣営に組み込まれたわけではない。同十三年十二月十日、お次は十八歳で亡くなる。このことが、秀次をたんなる甥っ子から秀吉後継者にせざるをえなくなるきっかけとなったように思われるのである（「兼見卿記」九）。

三　繰り返す養子縁組

三度の養子縁組

秀次は生涯に三度の養子縁組を経験している。最初は宮部継潤《みやべけいじゅん》、二度目は三好康長《みよしやすなが》、そして叔父豊臣秀吉との三度目である。ここでは宮部と三好との養子縁組について見ていきたい。

永禄十一年（一五六八）、この年九月、信長は足利義昭を奉じ上洛を果たす。戦乱の世に終止符をうつ意味で画期となる年である。この年、秀次はおそらく尾張で産声をあげたのだろう。幼少期のことについては何も伝わらず、幼名や子供のときの呼び名も不明である。小和田哲男氏は、秀次幼少時代のことにつき、天正元年（一五七三）、元浅井長政《あさいながまさ》の家臣でのちに秀吉に仕えた宮部継潤の養子となり、同二年、秀吉が今浜城（後の長浜城）へ移るころには秀吉のもとへ戻されていたことなどを指摘されているが、不確定要素がたかいうえに秀吉自身信長家臣時代のことでもあり、十歳未満のことについて穿鑿することに積極的意味はあまりないように思われる（小和田哲男『豊臣秀次「殺生関白」の悲劇』二〇〇二年）。

姉川の合戦

元亀《げんき》元年（一五七〇）六月、織田信長と徳川家康の連合軍は、浅井郡小谷《おだに》城主で北近江を支配していた浅井長政と朝倉景健《あさくらかげたけ》の連合軍を姉川の合戦で破った。さらに、同四年八月には居城を攻められ陥落し、浅井氏は三代にして滅んだ。信長は、この合戦での恩賞として、今浜城を秀吉に与えたのである。

宮部継潤の養子となる

浅井攻めの中心的役割をになった秀吉は、浅井長政の家臣のひとりである宮部継潤を懐柔し、信長陣営に寝返らせるための方便として、年端もいかない甥っ子の秀次を利用することを考えた。ただし、宮部と秀次とのあいだは、養子というよりも猶子《ゆうし》（相続を目的としないで仮に結ぶ親子関係）の関係であったものと思われる。

宮部継潤は、もと坂田郡醒ヶ井《さめがい》の在地領主の子であったが、幼いころ比叡山にのぼり、剃髪して善祥坊と称したが、その後、還俗し、浅井郡宮部の湯次社《ゆすぎしや》の社僧宮部清潤のもとへ身を寄せ、継潤と称していた。この宮部継潤が、いつごろどのような契機で浅井氏に仕えるようになったかについても不明だが、宮部城を預かるまでの地位にあったようだ。

宮部継潤は、こののち秀吉に厚遇され、天正五年には但馬国二方郡《ふたかたごおり》豊岡城を与えられ、さらに同九年、因幡国鳥取城陥落ののち城代となった。なお、宮部と秀次との養子関係は、宮部が但馬へ転出したころには解消していたのであろう。

秀吉長浜城主となる

天正二年（一五七四）、尾張より近江国坂田郡《おうみのくにさかたごおり》今浜城へ移った秀吉は、ここを長浜と改名し新たに築城し、秀吉は三十六歳にしてはじめて近江北郡の領主で長浜城主となったのである。おそらく秀吉は、ここへ妻のおねと母親および姉夫婦を呼び寄せ、住まわせたものと思われる。

秀吉、おねと結婚

秀吉がおねと所帯をもったのは永禄四年（一五六一）、二十四歳のときであり、すでに十二年経っていたが、子供には恵まれなかったようである。おねとのあいだに子供ができないことを諦めていたのであろうか。

秀次弟である秀勝・秀保も、自らの意思で将来を選択する道を最初から閉ざされていたようだ。秀吉は、姉の亭主を引き立てる代償として、三人の甥っ子を自己の戦略に利用しようとしたように思われる。のち秀次は三好康長の養子に出されたが、父親弥助も三好と名乗るようになったのは、弥助父子ともども養子に出されたようなものである。これも秀吉の戦略のひとつと考えることができるかもしれない。宮部継潤のもとから戻された秀次は、おそらく秀吉の政略のコマとして手元に置かれていたのであろう。

三好三人衆

永禄十一年（一五六八）九月、上洛を果たした信長の眼前の敵は、室町幕府を実質的に掌握していた三好三人衆（三好長縁《みよしながやす》〈長逸〉・三好政生《みよしまさいく》〈政康《まさやす》〉・岩成友通《いわなりともみち》）であった。三好氏は、阿波国の守護細川氏の代官にすぎなかったが、戦国期の争乱のなかで主家をしのいで抬頭しはじめ京都へ進出したのである。なかでも三好長慶《みよしながよし》のとき勢力を拡大したが、次第に家臣の松永久秀《まつながひさひで》に実権をうばわれ、三好長縁・三好政生・岩成友通の三好三人衆と呼ばれる勢力が擡頭してきた。

二度目の養子

秀次の二度目の養子先となった三好康長は、長慶の叔父にあたり、三好三人衆と歩調をあわせ、河内国高安城を居城とし、上洛してきた信長勢力と対峙していたが、天正三年（一五七五）四月には信長側へ降っている（角川文庫本『信長公記』）。この三好康長へ秀次を養子に出すのは今しばらく時間を要したようだ。信長側に降った相手に養子を送り込む必要はないからである。三好氏と縁戚を結ばねばならなくなるのは、四国の政治状況に異変が生じはじめたからである。

四国攻略のため三好氏に接近

早くより明智光秀を仲介として信長と誼《よしみ》を通じていた土佐の長宗我部元親《ちょうそかべもとちか》が、四国制圧をもくろみはじめたため、信長側との関係に亀裂を生じることになった。信長の四国制圧にむけての戦略上に、かって阿波国美馬《みま》・三好郡《みよしごおり》を本貫地としていた三好康長がいたのである。信長の忠実な部下である秀吉は、四国攻略にむけ、阿波の国情を知った三好康長を取り込むため、秀次を養子に送ったものと思われる。秀次が三好康長へ養子に出される時期について複数の説があるが、小和田哲男氏の指摘するように天正九年秋から冬のころ、というのがもっとも整合性のある理解である（小和田哲男、前掲書）。

ただ、秀次が三好康長の養子であったことを示す一次史料はなく、万治《まんじ》二年（一六五九）

成立の長宗我部氏の合戦記に「三好笑岸（康長）、河内ノ国半国知行仕ル、養子ハ羽柴筑前守殿ノ御甥ナレハ」と見えるにすぎない（「長元物語」『続群書類従』二十三、上）。

秀次三好孫七郎信吉と名乗る

天正十年二月九日附信長の「条々御書出」で康長は四国出陣を命じられている（角川文庫本『信長公記』）。これよりあとでの養子縁組は、あまり有効性をもたないからである。康長の養子となった秀次は、三好孫七郎信吉《のぶよし》と名乗るようになる。孫七郎は康長の通称であり、諱の信吉は信長と秀吉から一文字ずつとってつけたようであるが、真偽のほどは不明である。秀次のこれ以前の呼び名は不明である。

天正十年の四国出兵は、信長の横死により沙汰止となるが、九月には紀州根来《ねごろ》攻めに養父康長とともに参陣している。これを初陣とみなすかどうか判断はしきれないが、十五歳になった秀次が参陣していても当然のことであろう（『浅野家文書』）。元服までの秀次は、秀吉の戦略構想のなかでの持ち駒のひとつのように見られていた可能性がある。

秀次の名乗

ところで、秀次の名乗について触れておきたい。子供時代の実名は不明のため秀次で統一しているが、秀次と名乗ったのはいつごろからであろうか。発給文書からみると天正十二年六月までは、三好孫七郎信吉と署名している。同年十月の知行宛行状では、秀次と改名をしている。小牧長久手の戦いのあと、秀吉から大叱責をうけ改名したものと思われる。

天正十年六月二十四日、八月十八日の連歌会に秀次の名前が見えるとの指摘もあるが別人と考えるべきである（宮内庁書陵部架蔵「秀次紹巴等夢想百韻」など）。

第二　三好氏時代

一　初陣

本能寺の変

三好康長《みよしやすなが》の養子となった時期については、前章でみたように天正《てんしょう》九年（一五八一）の秋から冬ごろというだけで確定はしていない。秀吉の戦略で三好氏へ養子に出された秀次が三好氏として動くのは、天正十年六月二日に織田信長が本能寺で横死し、秀吉がその葬儀や後継者選びなどの問題に一区切りをつけたのちの、同年十月の紀州根来《ねごろ》攻めのときであった。十月二十五日、秀吉は先勢として、中村孫平次一氏《かずうじ》・伊藤掃部《かもん》・筒井順《つついじゅん》慶《けい》・浅野弥兵衛長吉《ながよし》（のち長政）・若江三人衆・三好山城守康長および三好孫七郎（秀次）たちを差し向けたのである（天正十年十月二十二日附、下間刑部卿法眼宛秀吉書状『浅野家文書』）。

秀次初陣

時に秀次十五歳。初陣である。養父康長に従っただけのものか、この根来攻めでの戦功などについては全く不明であるが、少なくとも秀吉陣営の一人として組み込まれたことだけは確かなことであった。

伊勢峰城を攻める

翌天正十一年二月十二日、秀吉は北伊勢の瀧川一益《たきがわかずます》を攻めるため侵攻した。このとき秀次も出陣し近江国《おうみのくに》愛知郡《えちごおり》君畑口《きみがはたぐち》より押し入り、叔父である羽柴小一郎長秀とともに峰城（三重県亀山市）の甥瀧川義大夫を攻めている（「賤嶽合戦記」上『続群書類従』二十輯下）。

三月十一日、佐和山城へ入った秀吉は、木下半右衛門へ「美濃口え被遣候衆事」として三好孫七郎・高山右近《たかやまうこん》・中川清秀《なかがわきよひで》など一万三千人の配置を命じている。秀次は、このとき二三％にあたる三千人の軍役が課されている（「岐阜県古文書纂」五）。

賤ヶ岳の戦へ参陣

ついで、四月、信長年寄で後継者争いで秀吉と袂を分かつことになった柴田勝家を近江の賤ヶ岳に攻めたときにも参陣している。同二日附で秀吉は秀次へ送った書状のなかで、木下昌利《きのしたまさとし》と堀尾吉晴《ほりおよしはる》が追いつめた敵を、逃さないようにしたうえで討取るよう命じている（『思文閣古書資料目録』一九七）。

長浜にいたと思われる秀吉は、この戦いには、筒井順慶・堀尾茂助（吉晴）・浅野弥兵衛（長吉）・一柳《ひとつやなぎ》市介（直末）・生駒甚介（親正）・小寺官兵衛尉（黒田孝高）・中村孫平次（一氏）・堀久太郎（秀政）・蜂須賀彦右衛門尉（正勝）・長岡与一郎（細川藤孝）・高山右近・中川瀬兵衛尉（清秀）など、のちに豊臣大名として頭角を現すものたちと、三好孫七郎・羽柴小一郎（長秀）・同御次丸（秀勝、信長の四男で秀吉養子）の秀吉一族の武将たち、合わせて四万余騎が参陣していた（「賤嶽合戦記」上『続群書類従』二十輯下）。

柴田勝家滅亡

同二十一日、柴田勝家は越前北庄《きたのしょう》へ敗走し、同二十四日、北庄城（現福井市）を攻められた柴田勝家は自害した。秀吉は、越前加賀での仕置《しおき》をおえたのち、五月五日には長浜城へ帰陣した。同十一日には坂本城へ入り、ついで大坂へ移った。同二十五日、大坂城主であった池田恒興《いけだつねおき》から城を渡され、以後秀吉は大坂を拠点として行動するようになる。

山崎の合戦

秀吉大坂石山本願寺跡に築城

前年六月二十七日、山崎の合戦の論功行賞として池田は摂津を得たが、賤ヶ岳の合戦後、再度知行改めが断行され、織田家関係者は畿内より排除され、秀吉は摂津・河内を掌中におさめ、大坂石山本願寺跡に築城し、政権の本拠としようとしたのである。

五月二十五日、秀吉は「其方事、兵庫ニ残候て政道已下、堅可申付候」と、秀次を摂津兵庫城・三田城攻撃に従わせたようである。実戦経験と占領地支配の実務を学ばせようとしたのかもしれない（「福尾猛市郎氏所蔵文書」）。その後、大坂へ戻ったようで、以後は摂津の警固を命じられたとあるが確定的なことではない（「柴田退治記」『続群書類従』）。

二　小牧長久手の戦い

織田信雄、反秀吉を表明

賤ヶ岳の戦いで柴田勝家を滅ぼし、信長継承者としての地位を掌握したかに見えた秀吉に対し、信長二男の信雄《のぶかつ》は反秀吉の立場を鮮明にし、徳川家康に援助を求め、天正十二年（一五八四）三月、宿老津川義冬《つがわよしふゆ》など三名を殺し、秀吉と断交した。ここに秀吉対信雄・家康連合軍が対峙する構図ができあがったのである。

三月八日、秀吉は堀尾吉晴らに出陣の用意を命じた。美濃大垣の池田恒興と金山《かねやま》の森《もり》長可《ながよし》は秀吉軍に応じ、同十三日には尾張犬山城を陥れた。この日、家康は清須城に入り信雄と談合をし、小牧山に本陣をおいた。

小牧の戦

一方、秀吉は、同二十一日に大坂を発ち、同二十七日犬山城へ入り、小牧山をのぞむ楽田《がくでん》に本陣をおき対峙した。秀吉軍に呼応した池田恒興は、三河岡崎への攻略をもくろみ、四月六日夜半、秀次と池田恒興・森長可《ながよし》・堀秀政らは小牧山の東方を通り抜け、長久手より岡崎へ進もうとした。秀吉が八日附で丹羽長秀に送った書状には、

去八日池勝入（池田恒興）・森武（森長可）・孫七郎（秀次）・左衛門督（堀秀政）、人数弐万四五千にて至小幡表差遣

とあり、秀次軍の規模が知られる（「山本正之助氏所蔵文書」）。これだけの軍勢が知られずに

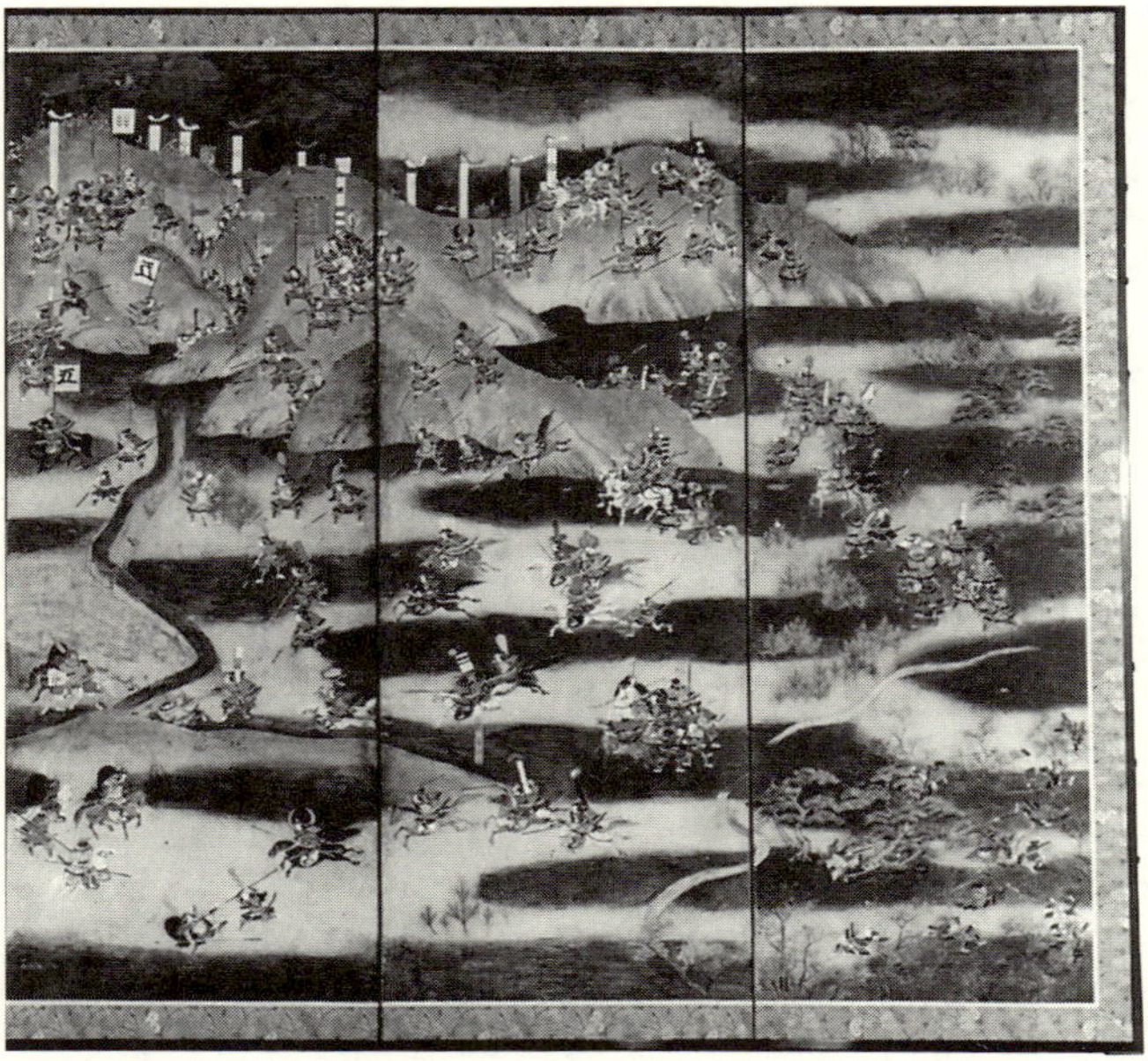

池田恒興父子戦死

移動すること自体無理があり、のちに秀吉から厳しく譴責された理由がある。

豊臣方の動きを察知した家康は、酒井忠次《さかいただつぐ》・石川数正《いしかわかずまさ》・本多忠勝《ほんだただかつ》を小牧に残し、同八日夜大須賀康高《おおすがやすたか》・榊原康政《さかきばらやすまさ》を先発させ、信雄とともに全軍を率い小幡《おばた》城（現名古屋市）へ入り、翌朝秀次の軍を急襲した。予期していなかったためか総崩れとなり、池田恒興・同元助父子と森長可は戦死し、秀次は敗走した。秀次軍の敗報を聞き、秀吉は全軍で救援に駆けつけたが、家康

秀次大敗

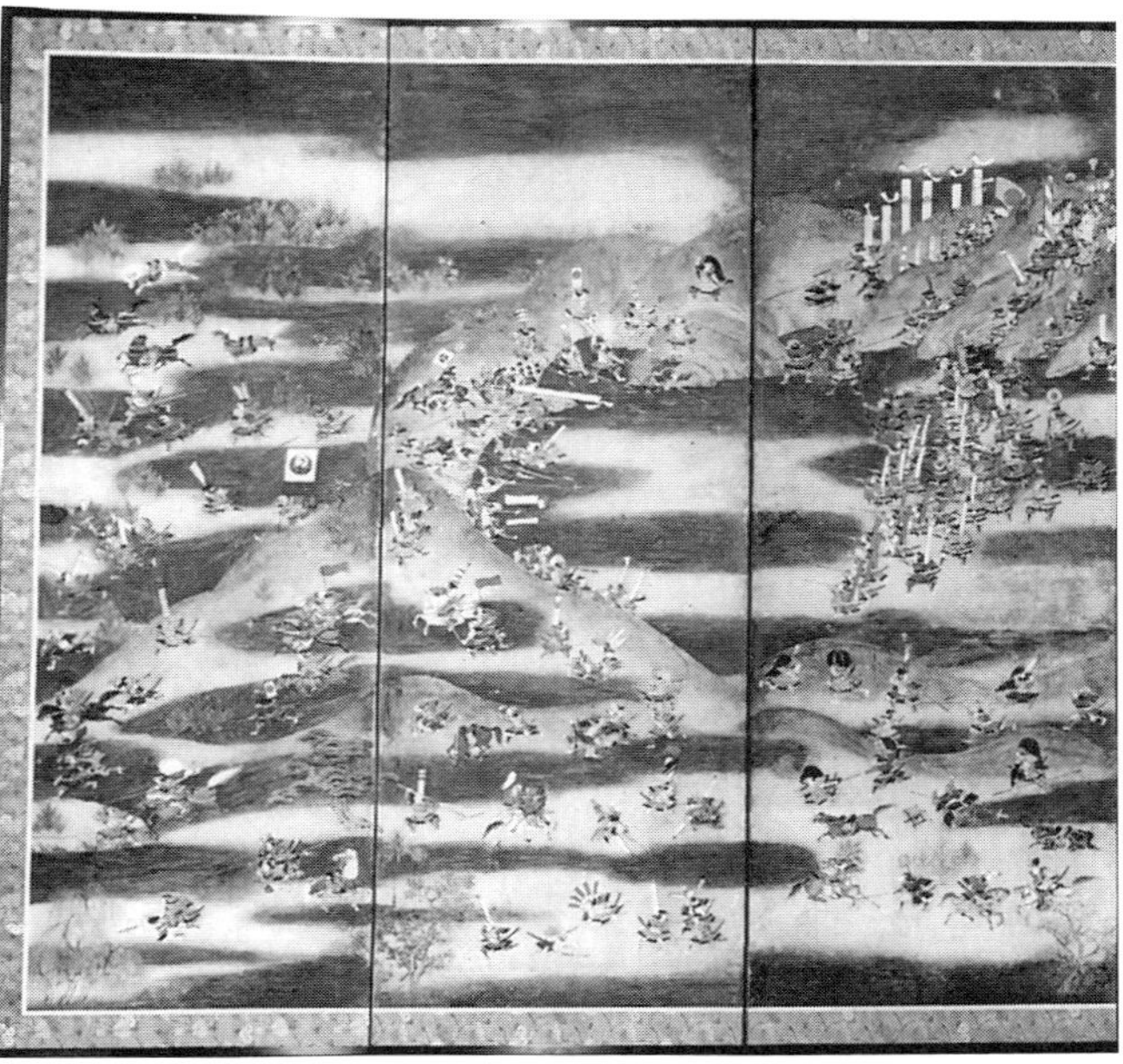

小牧長久手合戦図屏風（大阪城天守閣蔵）

軍はすでに引きあげていて、なすすべはなかった。

同十日、織田信雄が吉村氏吉へ送った書状に、

昨日巳刻於岩崎（尾張国愛知郡）表及一戦、一万余討捕候、大将分池田父子三人（恒興・元助・照政）、勝蔵（森長可）・久太郎（堀秀政）・竹（長谷川秀一）・三好孫七郎、其外面々共不知其数、

と、秀次軍大敗の報が伝えられている（「吉村文書」）。家康も同様のことを伝えており、この戦いが熾烈なものであったことが窺われるのである。

秀次は、池田恒興の老臣伊木《いぎ》長兵衛忠次《ただつぐ》に守られ、十一日

には美濃大垣へ退いている。

小牧・長久手の戦

これ以後、両軍は楽田と小牧で対峙したままとなり、十一月にようやく講和が成立することになった。小牧長久手の戦いと通称されるこの戦いは、秀吉の進撃のまえに家康が立ちはだかり、家康の政治力が看過できないことを知らされることとなったのである。

この小牧長久手の戦いの記録などは数多く残されているが、ここでは在日していたイエズス会宣教師ルイス・フロイスが一五八四（天正十二）年八月末日付で長崎よりイエズス会総長へ送った書翰をみてみよう。

> 三河の王は夜中小牧の新城を出て、天明に至り突然羽柴の甥の陣を攻め、彼等は少しも警戒してゐなかった故、容易にこれを破った。然る後更に他の部隊を襲ひ、第一（ママ）月九日激戦が展開され、双方多数の死者を出した。……双方の死者については未だ確実なことを聞かないが、通常言ふところによれば、一万を超え、その大部分は羽柴方であった。

と、秀次軍大敗の報が伝えられたのである。両軍対峙のさなかの情報であり、江戸時代に入ってから編纂された記録類よりも同時性があり、信憑性のうえからも貴重な証言である。完膚なきまでに打ちのめされた戦いであったようだ（『イエズス会日本年報』）。

秀吉秀次を譴責す

九月に入り、講和交渉がはじめられたが、双方の相容れるところとはならなかった。

同二十三日、秀吉は秀次に五ヵ条の譴責文をあたえた。なお、このとき秀吉は、譴責状の使いの一人として善浄坊（宮部継潤）を指名した。養父であった由縁によるものかもしれない。この譴責文は長文だが、秀次の人となりを知るうえで重要であるため、つぎに引用してみよう（「松雲公採集遺編類纂」百五十）。

一、此日比《ひごろ》、秀吉甥子之令覚悟、人にも慮外之躰沙汰之限候、何れの者にもさし下、甥躰をミせ候ハても、為何者秀吉甥と存、可崇候ニ覚悟持専用候事

一、是以後者、秀吉不致許容、如無之ニ可仕と存切候へとも、又ハ不便之心出来候之間、此一書を思出、書付候間、心もなをり、人にも人と被呼候ニおいてハ、進退之義右之外より取上可申事

一、今年木下助左衛門（祐久）・同勘解由（利匡）、相付候処、両人なからあとに残討死、不便ニ候、両人之もの殺候事、取分迷惑と可存処、其心ハ無之、一柳市助（直末）を以、池田監物とやらんをほしき由申候、縦秀吉誰やの者を預ケ候共、今度被成御預ケ候もの一人も不残、両人なから討死いたさせ、我者のこり候之間、又御預ケ之儀、外聞迷惑之由、斟酌可申処、申させ候ものハ、中々不及申、取次候もの無分別の大たハけと存、既市助めを手打ニもいたし度と秀吉存、今迄言葉にも不出、腹中ニおりこミ候て加遠慮候、能々致分別、諸事にたしなミ在之候て、秀吉甥之きれかと被呼

候者、何より以可為満足候間、右之守一書、心持已下嗜尤候事

秀吉甥子の沙汰

一、覚悟もなをり候者、いつれの国成共可預奉行候、只今之ことく無分別之うつけにて候者、命を助遣候とも、秀吉甥子之沙汰候而、於秀吉非可失面目儀候間、手討に可致候、人をきり候事、秀吉きらひにて候へとも、其方を他国させ候へは、はぢの恥ニて候之間、人手にハ懸申間敷候事

天道

一、此中ハ人にも不云、器用又ハこさかしく物をも申付、武者をも可致と見及候者、御次（羽柴秀勝）ハ病者候之条、秀吉代をも可作致歟とも存候ニ、其方之様ニ覚悟持仕候ハ、秀吉名字を不可残と、天道よりのはからひにて候かと存候へハ不及是非、さとりを構候間、くやミも無之候

五ケ条譴責文

右五ケ条之通、是以後分別候て、嗜於無之者、八幡大菩薩人手ニハ懸申間敷候、委細善浄坊（宮部継潤）・蜂須賀彦右衛門（正勝）、両人ニ申含遣候間、せかれにて候共、其心得専用候、已上

九月廿三日　　　秀吉（羽柴）（花押影）

五ヵ条にわたる非常に厳しい叱責である。第一条で秀吉の甥であることの無自覚さ。第二条で今後は許さないこと。第三条では心持ち嗜みを第一にすること。第四条では、このままだと秀吉みずから手討ちにする。第五条では秀吉の代わりともなすべきところ、

そのような覚悟では秀吉の名は残らないなど、厳しくしかりつけたものである。

人にも人と呼ばれるよう悟す

秀吉の本心は、秀次の合戦上でのミスではなく、自分の甥であるという自覚に欠けた日常の行動そのものに矛先が向けられているようである。

「人にも慮外之躰沙汰之限候」とか「人にも人と被呼候」との文言は、怒髪天を衝《つ》く怒りが収まらぬ秀吉の姿を髣髴《ほうふつ》とさせるものだが、このことは叔父の目から見た秀次の性格や人物像であり、貴重な証言ということもできよう。「人にも人と被呼」るよう身を慎むことを厳しく諭したものだが、これでは二万余の軍勢を率いる将の器でないことは、あきらかである。いくら「秀吉甥子之令覚悟」と、秀吉が諭しても、それ以前の人物であったように思われる。もちろん、実戦の経験不足が大きく禍《わざわい》していることは否めない事実である。

しかし、このような資質の甥っ子をみずからの陣営に加え、一軍を任さなければならないところに秀吉軍、のちの豊臣政権の弱点があったと言わざるをえないのである。ただ、こんにちの観点からすれば、任用者である秀吉の自身の誤りと言わざるをえないだろう。岡崎進撃を求めたのは池田恒興であり、秀次立案の作戦とは思われず、その責任をすべて秀次に求めるのは無理があろう。

三河物語

無骨一辺倒で泰平無事の世をきらい『三河物語』を書き残した大久保彦左衛門（一五

六〇～一六三九）ですら、初陣は十七歳のときであった。秀次にとって必ずしも初陣ではなかったかもしれないが、「武士」の道を自ら望んだわけではなかった秀次に、いかに有能な武将をつけたとはいえ、秀吉軍の一翼をになわせること自体に無理があった結果ともいえる。

三　四国攻め

秀吉、家臣へ知行を宛行う

小牧長久手の戦いへは、三好孫七郎として出陣していた秀次であったが、六月二十一日、大垣に駐留している彼へ見舞状を送った上坂《こうざか》八郎兵衛意信《おきのぶ》への返信には「羽柴孫七郎信吉」と署名している。さらに、十月十五日附の知行宛行状（宛名は切断され不明）には「孫七郎秀次」と署判していることから、三好孫七郎信吉をすて、羽柴孫七郎秀次へと心機一転をはかったとみることができよう。

三好氏を去る

この改姓は、とりもなおさず三好康長のもとを去ったことを意味し、名実ともに秀吉一門として独立したことを意味しよう。秀吉側からみればできの悪い甥っ子ではあるが、何とか手をさしのべ、秀吉一門として取立をはかったのかもしれない。

天正十二年十一月十二日、織田信雄・徳川家康と講和をむすんだ秀吉は、翌十三年三月には紀伊へ出兵し、小牧長久手の戦いのとき、土佐の長曾我部元親と誼をむすび反秀吉を表明した根来・雑賀《さいか》を攻め滅ぼし、五月二十日には長曾我部元親攻めを表明したが、病のため延期し、弟の秀長に四国遠征を命じ、自らは和泉の岸和田に陣を構えた。

四国攻め

六月十六日、秀長は六万の兵を率いて堺より出兵し、淡路の洲本へ着陣した。同二十日、秀次は摂津・丹波勢三万を率い明石より淡路島へ渡海し、洲本で秀長と合流した。同時に備前・美作からは宇喜多秀家《うきたひでいえ》が蜂須賀・黒田の兵とともに二万三千の兵を率い、讃岐国屋島《やしま》へ上陸した。伊予へは毛利輝元《もうりてるもと》・小早川隆景《こばやかわたかかげ》・吉川元長《きっかわもとなが》の軍勢三万余が伊予の新居郡《にいごおり》天満浦《てんまうら》へ上陸した（『中川家文書』・『鳴門市史』上・「四国御発向並北国御動座事」『続群書類従』）。

同二十四日、秀吉は、中川藤兵衛秀政に対し、「美濃守（秀長）・孫七郎（秀次）ニ相尋可入精事肝用候」と命じ、四国攻めが秀長・秀次を中心に進められたことが知られる（『中川家文書』）。

秀次、養父三好康長の居城岩倉城を攻める

上陸した秀長・秀次は、はじめに木津城（板野郡）を攻略したのち、秀長は一宮城を、秀次は吉野川流域の岩倉方面（美馬郡）へ進出した。岩倉城は、もと秀次養父の三好康長の居城で、康長が畿内へ去ったのちは息徳太郎が守っていた。天正七年（一五七九）、長曾我部氏の侵攻に際し降伏し、城は一族の長曾我部掃部頭が守っていたが、黒田孝高《くろだよしたか》の策謀をえた秀次軍のまえに降った（拙稿「羽柴秀吉の阿波攻めにおける秀次」『史窓』四三、『南海通記』十七)。

丈六寺へ禁制を発給

七月八日、秀次は、丈六寺(現徳島市)へ家中の者が乱暴狼藉をしないよう申し付けたと知らせている。秀次が戦場で発給した数少ない文書である(「丈六寺所蔵文書」『阿波国徴古雑抄』)。同十五日には、長曾我部《ちようそかべ》親吉《ちかよし》が守る脇城(美馬郡)を攻めた。同二十一日附で小早川隆景へ宛てた書状には「当表《おもて》の事、木津・牛岐を始め落城について、拙子事、去る十五日当脇城へ押詰め、山下追破り、翌日より仕寄りなど丈夫に申し付け躰に候」と、順調な勝ち戦ぶりを知らせている(『小早川家文書』二)。

徳島県岩倉城跡

長曾我部元親と講和を結ぶ

秀長・秀次軍の阿波攻略は、長曾我部元親の本格的な反攻を待つことなく

秀吉、秀次へ領地を宛行う

七月二十五日講和が成立し、元親は土佐一国のみ安堵されたが、阿波・讃岐・伊予三ヵ国は没収された。阿波は蜂須賀《はちすか》家政《いえまさ》、讃岐半分は仙石秀久《せんごくひさひで》、伊予は小早川隆景へそれぞれ宛行《あてが》われた。八月二十三日には、四国より軍勢が引きあげてきた（『多聞院日記』三）。ところが、八月二十六日、秀次が小早川隆景へ送った書状には「当面の事、弥《いよいよ》勝手に属し候」と記しており、まだ秀次は阿波に駐留していた可能性がある（『小早川家文書』二）。秀次はいつ帰陣したのだろうか。閏八月二十一日、秀吉は論功行賞として秀次へ近江の半国を与えることから、それまでには大坂へ戻ったものと思われる。

小牧長久手の戦いでの失態の汚名挽回を果たせたかどうか。譴責文の第四条目で「覚悟もなをり候者、いつれの国成共可預奉行候」と表明したように、秀吉は阿波攻略での働きをよしとし、閏八月二十二日つぎのように近江国内で四三万石を宛行《あてが》ったのである（尊経閣文庫所蔵「古蹟文徴」六）。

於江州所々、自分弐拾万石并其方相付候宿老共、当知行弐拾三万石相加、目録別帋
在之、都合四拾三万石宛行畢《あてがいおわんぬ》、相守此旨、国々政道以下、堅可申付者也

（天正十三年）閏八月廿二日　（押紙）「豊臣秀吉公」（花押）

羽柴孫七良殿（秀次）

八幡山に居城をおく

秀次へ二〇万石と秀次へ附けられた宿老分二三万石、合計四三万石が宛行われ、近江国蒲生郡《がもうごおり》八幡《はちまん》の八幡山に居城をおく秀吉一門大名が創出された。信長が築いた安土城の至近距離にあり、政権にとっても重要な近江の要衝の地を秀次に与えたのである。

秀次少将に任官

十月六日、秀吉は参内したが、その際、十人の昇殿の衆が披露された。そのなかに「二兵衛少将　殿下之甥御対面」とあって、正親町《おおぎまち》天皇へ対面をしている。このとき、秀次十八歳、少将の位についていたことが判明する（「兼見卿記」九）。

第三　八幡山城主

一　はじめての城主

小牧長久手の戦い後、叔父秀吉から「人にも人と被呼候」覚悟のほどを厳しく譴責された秀次であったが、阿波から帰陣すると相応の働きがあったのか定かではないが、一躍近江半国の領主へ取りたてられたのである。かれの人となりから推して、小躍りするぐらいの喜びではなかったか。もちろん、秀次を補佐すべく秀吉から五人の宿老が附けられたとはいえ、十八歳の青年が一気に城主の席を射止めたのである。

五名の宿老

さて、附属された宿老は、中村一氏《なかむらかずうじ》（水口）・堀尾吉晴《ほりおよしはる》（佐和山）・山内一豊《やまうちかずとよ》（長浜）・田中《たなか》吉政《よしまさ》（八幡）・一柳直末《ひとつやなぎなおすえ》（美濃大垣）の五名であった。この五名だけでは「当知行弐拾三万石」には足らず、ほかに日根野高吉《ひねのたかよし》と堀尾忠氏《ただうじ》（吉晴の子）の二名が推定されている（『滋賀縣八幡町史』上）。

中村・堀尾・山内の三氏は、秀吉が長浜城にいたころに召し抱えられた古参の家人《けにん》である。田中吉政は、宮部氏に仕えたあと秀次に附けられることとなったが、ともに近江浅井郡を出自としていた。一柳直末は近江を出自としないが、秀吉が長浜城時代に召し抱えられたようである。

正保郷帳・豊臣蔵入地による領地の推定

近江国内で四三万石であるが、領地目録がほとんど残されていないため、近江のどの地域を領地としたか確定することはできないが、かつて推定したように、近江国正保《しょうほう》郷帳で甲賀・野洲・蒲生・坂田・浅井五郡の石高合計は四三万五九六一石余となり、この五郡は秀次が尾張へ転封となったのち徳川家康領や豊臣蔵入地となっており、秀次分と宿老分がこの五郡内に設定された蓋然性は高い（拙著『豊臣秀次の研究』）。

山内一豊は、前日の二十一日、秀吉から近江北郡内三七ヵ村二万石を加増されたうえ、一万石の地を預かっている（「山内家文書」）。また、堀尾吉晴も近江国四郡内で四万石を宛《あて》行《が》われている（「東京大学史料編纂所所蔵文書」）。中村・堀尾・山内・田中・一柳らは、秀次が尾張へ転封となったのちも秀次附の大名として東海地方へ転出していったが、近世を通じて生き延びたのは山内と一柳の二氏であった。

二　城普請と城下建設

鶴翼山へ築城

秀次は、早速八幡へ行き、城と城下の建設にとりかかっている。安土城から至近距離の鶴翼山《かくよくざん》（標高二七一・九メートル）に築城し、山下に城下の建設にもとりかかった。この鶴翼山には上八幡社（現比牟礼八幡宮）があったが、立ち退かせている。

安土町を島郷へ移す

秀吉は、九月十日附の朱印状で「作事以下も差し急ぎ可然候《しかるべく》」と、おそらく休むいとまを与えず突貫工事を命じたものと思われる（「京都大学総合博物館所蔵文書」）。この際、城下普請には、近くの安土山下町を引き移すことで人や物資を調達したようである。安土町の長田ノ孫兵衛なる者がかつてこの地域に寺領をもっていた大徳寺塔頭《たっちゅう》の真正庵に宛てた書状には「あつち町之儀、ことく〳〵島郷へ御引きなされ候」と、島郷（八幡）へ強制的に移されたことが知られるのである（同前）。城や城下普請への秀吉の心くばりは、秀次を何とか自己の片腕として働ける人物たることを期待していたとみることもできよう（『滋賀縣八幡町史』上）。

金箔瓦の出土

二〇〇二年二月九日附「京都新聞」は、「金ぱく瓦二〇〇点も　秀次の居館遺構が出土」と大きく報じた。遺構礎石の配列は安土城本丸跡のものと同じ二メートル間隔であったと

江陽八幡山古城絵図（近江八幡市所蔵　滋賀大学経済学部附属史料館保管）

しており、秀次居城八幡山城の解明に期待がよせられた。秀次築城の八幡山城の良質の絵図などは伝来せず、江戸時代後期に描かれたものを明治に写した「江陽八幡山古城絵図」には、山頂の本丸から南東・南西・北の尾根に曲輪《くるわ》が配置されていたことがわかるが、細かな構造物などの記載はない。

現在、本丸跡には秀次菩提寺である瑞龍寺（元は京都今出川にあったが、一九六二年ここへ移築）が建っている。八幡山城へは、秀次が尾張国清須へ移ったのち、高島郡から京極高次《きょうごくたかつぐ》が入った。文禄《ぶんろく》四年（一五九五）七月、秀次失脚に伴い、城は破却され、高次

大津城

は大津城へ移った。したがって、八幡山城が戦略的に利用されることはなかったようだ。

城下へ定書を発給

　この琵琶湖をのぞむ地に普請された八幡山城の構造物をはじめとする規模などについては、秀次在城期間が短かかったこともあり、明確なことはわかっていない。山下の城下建設については、翌年六月に発給した「定書《さだめがき》」が残されており、信長の安土城下を模したものであったことが知られている（「近江八幡市役所所蔵文書」）。

　内容は、当町を楽市《らくいち》とし、諸座・諸役・諸公事《くじ》を免除（第一条）、往還商人の寄宿、商船の寄港を命じ（第二条）、普請・伝馬役の免除（第三条）、自火の糺明（第四条）、咎人《とがにん》の扱い（第五条）、盗物品の扱い（第六条）、徳政停止（第七条）、天正十一年以前の売掛買掛については棄破（第八条）、喧嘩口論、国質《くにじち》・所質《ところじち》などの停止（第九条）、譴責使のこと（第十条）、在住商人・職人の家役免除（第十一条）、馬売買の当町独占（第十二条）、領内諸市の八幡城下への集中（第十三条）の以上十三条である。

　この定書は、天正五年六月、信長が「安土山下町中」へあてた十三ヵ条の定書と文言内容をほとんど模したものといっても大過はない。発給した月まで同じである。前年閏八月、近江へ領地を宛行われ、八幡山へ築城を急いでいたが、ようやく城と城下の普請が一段落し、今度は城下の繁栄をめざし信長の先例をまねた定書を公布したのであろう。

三　領国支配

秀次が八幡山城主であった時期は五年間であるが、在城し直接領国支配にあたった形跡はほとんど確認できない。実務は宿老たちが宰領していたものと推定される。しかし、入国当初の天正《てんしょう》十三年（一五八五）十月一日、近江国諸職人中へ対し出した「条々」五ヵ条は注目されるものである。

近江国諸職人へ諸役を免除す

内容以前に、近江一国領主でもない秀次が、なぜ近江国諸職人中宛諸役を免除する法令を出すことができたのだろうか。まず全文を掲げてみたい（「川路佐満太氏所蔵文書」）。

条々

一、番匠・鍛冶・大鋸《おが》の事

一、屋葺ならびに畳指しの事

一、銀屋、付たりぬしの事

一、桶師・かまぬりの事

一、鍛冶炭、諸畑よりこれを出すべき事

右諸役免除畢《おわん》ぬ、然る上は先々のごとく相懃（勤）むべき者也

天正拾三年十月一日　　孫七郎（羽柴秀次）在判

近江国諸職人中

信長朱印状

この「条々」は、天正四年十一月十一日の織田信長朱印状と、同十一年八月五日秀吉朱印状とほぼ同文なのである。両「条々」は、近世成立期の職人身分の成立を示す史料として議論されてきたものであるが、ここでは、秀次が領国建設のために、諸職人への諸役免除を通じて八幡町建設に近江国内の諸職人を糾合する必要に迫られていたものと考えることができる（横田冬彦「幕藩制前期における職人編成と身分」）。

一条目では番匠（大工）・鍛冶・大鋸引き（木挽き）、二条目で屋根葺きと畳指し、三条目では銀細工師や塗師《ぬし》、四条目では桶結いと窯塗り、五条目では鍛冶用の炭を差し出すこと、などを免除したのである。

城普請を急ぐ

前節で述べたように、安土城下町をそのまま移転させ、一刻も早い城普請と城下建設を終えるためには、近江国中の番匠・鍛冶・大鋸などを集める必要があり、そのためには彼らの諸役を免除せざるをえなかったのである。ただ、秀次が「近江国諸職人中」へ宛て発給することができたのかを含め、この法令が実効性をもったか、また時限的なものであったかは問題を残している。

宿老筆頭田中吉政

秀次の領地支配を知るには、まず秀次附宿老筆頭の田中吉政について触れておかなけ

田中吉政像（真勝寺蔵）

ればならない。田中吉政は、天文《てんぶん》十七年（一五四八）、父惣左衛門尉重政の子として近江国浅井郡に生まれた。青年時代、同じ浅井郡宮部の出身である宮部《みやべ》継潤《けいじゅん》に仕えており、秀次が一時期宮部の養子となったことから、少なからざる所縁をもっていたようだ（中野等『筑後国主　田中吉政・忠政』）。

宿老たちは、秀次所領を地域単位で受け持ち、全体にかかわる問題については寄合をしたものと推察されるが、明確なことはわからない。ただ、田中は八幡山城に居をおいた関係からか、蒲生・野洲両郡内の百姓相論などに関わっている。

田中が近江で最初に発給した文書は、同十三年九月晦日、長命寺へ宛てた寺領安堵を伝える書状が残されている。「その寺中関白様より下され候通り」とあり、ここでは秀吉の意を伝えたものであり秀次との関係は明瞭ではない（「長命寺文書」）。

秀次宿老として最初に発給した文書は、同年十一月二十日、野洲郡《やすごおり》野洲市場地下人《じげにん》中へあてた判物で、琵琶湖に流れ込む野洲川に面した野洲市場に対する諸役を、秀次が免除したことを伝えたものである（「野洲町共有文書」）。もっとも、野洲市場への諸役免除は、六角氏や織田信長よりも出されており、秀次は追認しただけのものであるが、秀次にとっては八幡山城主となって出した二通目の諸役免許状であった。

邇保郷

秀次が領地支配に関わったことを知る史料は少なく、田中吉政が実務をとりしきっていたものと思われるなかで、天正十四年七月の野洲郡邇保郷《にほごう》における井水相論では秀次の直状が残されている（「江頭共有文書」）。

その郷中井水の事、先規より証文ども披見候、然ば申分においては紛れなく候あいだ、前々のごとく申し付け候訖ぬ、もし違乱の在所は曲事《くせごと》たるべき也

天正拾四年

七月廿四日　秀次（花押）

邇保郷

名主百姓中

井水相論

邇保郷（庄）井水相論は、野洲・蒲生両郡境を形成する日野川からの取水をめぐるもので、応永《おうえい》三年（一三九六）にまで遡るものである。旱魃にさいし、上流にあたる蒲生郡《がもうごおり》桐原村が用水を押領したことを非とし、先規のとおり邇保郷の権利を認めたものである。

八月一日には、担当奉行である河瀬四郎左衛門尉実清から邇保郷名主百姓中へ副状《そえじょう》が出され、同日、田中吉政から河瀬へ対し、確認の書状を送っている（「江頭共有文書」）。ついで、同十五年八月、浅《あさ》井《い》郡《ごおり》唐国村《からくにむら》と錦織村《にしこおりむら》の夫役徴収について、

その郷出作方夫役の事、近年有り来りのごとく沙汰せしむべし、給人ならびに百姓互いに新儀の族においては曲事たるべき者也

天正十五年八月二日　（豊臣秀次）（花押）

唐国

錦織

というように、ここでも夫役徴収について先例主義、つまり当事者間での慣行を優先としている（「中村文書」）。

同十七年五月、大日照りにつき蒲生郡川上村と橋本村との中津井井水論については、「中納言様（豊臣秀次）御耳江入、為御奉行我等被指遣」とあり、秀次の命をうけた家臣の吉田好寛が中津井下七ヵ村へ先規のとおりであることを命じている（蒲生郡竜王町川上「中津井文書」）。

浅井郡中野村井水相論

同年八月、浅井郡中野村井水については、中野村の進退に任せるようにとの秀次の仰せを、堀尾・山内・宮部・渡瀬・田中の五名連署で中野郷百姓中へ申し渡している。わずかの事例にすぎないが、近江の所領での井水相論などへ直接的間接的に指示をしてい

ることから、八幡山城に在城の如何とはかかわりなく、村からの訴状へは目を通していた可能性が考えられ、宿老たちに全面的に任せたままではなかったようである。

宇根明神

一方、領国内の寺社へも寄進状などを遣わしている。天正十三年閏八月七日、伊香郡宇根明神（長浜市高月町宇根）へ対し、物成《ものなり》五貫を寄進している。ただ、この寄進状は写《うつし》か残されておらず、「物成五貫」などの文言に問題を残す。宇根村は山内一豊領であったことを勘案すると、村で作られた可能性がある（「宇根区有文書」）。

豊満大明神

同年十一月三日、本願寺へ対し、近江国内の「御門家在々道場坊主諸役儀」の免除を申し渡しているが、これも写しか残されておらず信憑性に課題を残すものである（「永正寺文書」）。さらに、十一月十八日には愛知《えち》郡《ごおり》豊満村《とよみつむら》（滋賀県愛知郡愛荘町）の豊満《とよみつ》大明神へ、田中吉政をして御供米一三石八斗三升を寄進している（「豊満神社文書」）。

秀次が近江の寺社へ発給した寄進状などは、右にみたように信憑性に問題を残しているものの、当該期近江の領主として発給していて当然のものであり、今後とも検証していく必要性はあるだろう。

四　家臣と知行宛行

秀次の知行宛行

　前述したように、天正十一年（一五八三）、美濃口へ詰めたとき、秀次は三〇〇〇の兵を率いたことになっており（本書一七頁）、秀次に附属された家臣とみなすことができる。翌年の小牧の合戦では、より大勢の手勢を抱えていたものと思われるが、譜代の家臣といったものはいなかっただろう。天正十一年より同十四年のあいだに秀次は知行宛行状を一〇通残している。これをまとめたものが表1である。

表1　秀次の知行宛行（天正11〜14年）

年月日	知行主	石高	出　　典
天正11年　7月26日	香西又一郎	100石	「備前国臣古証文」2
天正12年　10月15日	（不明）	200石	「賜蘆文庫文書」45
天正13年閏8月10日	（不明）	200石	「池田家文書」
天正13年閏8月10日	香西又一	20石	「黄薇古簡集」5
天正13年閏8月10日	あゐ葉八右衛門	300石	「饗庭昌威氏所蔵文書」
天正13年閏8月10日	山本半［　］	150石	「南部晋氏所蔵文書」2
天正13年閏8月10日	長谷川半右衛門	150石	「続紀伊風土記」3
天正13年　10月15日	岡本新三郎	150石	「賀茂編年」中
天正13年　11月9日	柳生但馬守	100石	「史料柳生新陰流」下
天正14年　9月3日	観世又次郎	50石	「法政大学能楽研究所所蔵文書」

註　知行地が判明するのは柳生但馬守（近江国愛知郡内3ヵ村）のみである.

秀次柳生宗厳へ知行を宛行う

　天正十三年閏八月、秀吉から近江に所

領を与えられた直後のものが五通（一通は宛先不明）あるが、四国攻めに参陣した恩賞と考えられる。香西・あゐ葉（饗庭）・山本・長谷川の詳しい経歴は不明である。岡本新三郎保賀は上賀茂社の氏人《うじびと》で弓の上手であった。柳生《やぎゅう》但馬守宗厳《むねよし》への知行宛行については、秀次が関心を寄せる新陰流剣術指南との関係によるものであり、観世又次郎については能指南を求めるためのものではなかったか。この両三人への知行宛行は、その道の上手を召し抱えたということであろう。柳生へ近江国愛知郡内三ヵ村で宛行った知行目録を掲げてみよう（「史料柳生新陰流」下）。

知行方目録

　　　　愛智郡内
一、七拾弐石九斗四升　　　青山村分
　　　　愛智郡内
一、拾四石　　出米　池庄内上中野分
　　　　愛智郡内
一、拾壱石四斗九升一合　　出米　おくら郷内殿村
　分都合百石
已上

天正拾三年十一月九日　（黒印）

柳生但馬守（柳生宗厳）とのへ

近江の領国内で新規に召し抱えた者もあれば、秀吉から附属された者もいたと思われる。天正二十年ころには、整序された軍制のもとで多数の家臣を抱えるようになっていたが、譜代の家臣をもたないことには変らなかった。

第四　関白一門として

一　内野普請

秀吉、内野普請に着手

天正《てんしょう》十四年（一五八六）二月二十三日、秀吉は都の荒廃地であった内野《うちの》に豊臣政権の政庁である聚楽第の普請にとりかかるべく、この日、土地整地のための縄打が実施された。翌日には普請がはじまった。「堀や口廿間、下へ三間ニ中四方千間也」と千間（約一八〇〇メートル）四方の宏大な屋敷であった（「兼見卿記」十）。

聚楽第

聚楽第の規模や構造については、秀次事件のため、詳細は不明のままなっている。しかし、この普請の状況については断片的ながら窺うことができる。

関白殿ノ御殿建テラレルベキニ付而、二月下旬ヨリ諸大名在京シテ大普請始マル也、大坂ニハ中国之大名ノボリテ普請アリ、人足七八万、又ハ十万バカリアルト云々、京都ノ普請ソノツレナルコトニテハナシ

と、数万人の人足を動員しての普請がはじまった（『石山本願寺日記』下）。

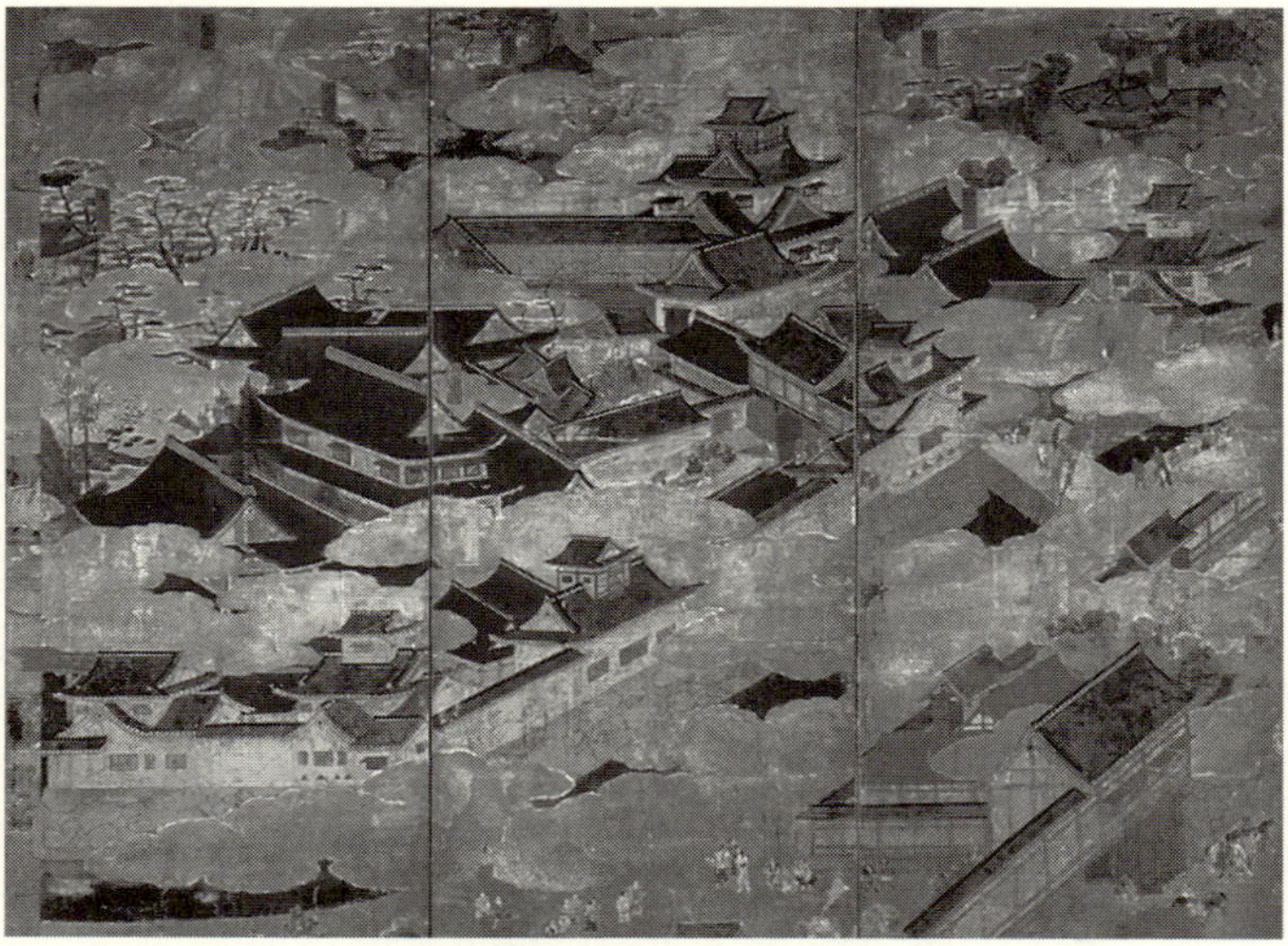

聚楽第図の天守閣部分（三井記念美術館蔵）

すでに、大坂城普請が進行中、京でも東山に大仏殿の造営が進められているなかで、さらなる天下普請がはじまった。五年後の御土居《おどい》普請についても同様のことなのだが、秀吉が実施した大規模普請については、普請の実態や人足徴収のことを含め、詳しいことは不明である。ルイス・フロイスは「彼はその総監督に、有能な若者である甥を任命し、多数の貴人や武将たちをして輔佐せしめた」と、秀次が聚楽第普請の総奉行として関わっていたことを伝えている（『フロイス日本史』一、一九七頁）。秀吉は、この間、大坂と京の間を頻繁に往返しているが、秀次のことが心配であったのだろう。

吉田兼見、普請場を見舞う

三月七日、公家の吉田兼見《よしだかねみ》は普請場を見舞い「普請場羽柴孫七郎（秀次）為見舞罷向、徳雲軒同道、於小屋対面」し、「中々広大之普請也、数万人、難筆舌〳〵」と驚いている（「兼見卿記」十）。普請は一日の休みもなく突貫工事が進められた。

賀茂神人

二月二十一日、秀次は秀吉の奉行たちへ書状を送り、内野普請に動員された丹羽長秀《にわながひで》の人足たちが上賀茂社神人《じにん》（氏人）の屋敷に無理矢理に宿泊しようとしたことに対し、賀茂神人への宿泊の提供を免除するよう求めている（『賀茂別雷神社文書』）。

同様のことが吉田兼見のところでも起こっており、「当郷陣所之義」を秀次へ断っている（「兼見卿記」十）。普請のため大動員された武士や人足たちの宿泊先の提供が、寺社へ求められたのであろう。それに対して秀次を介して断りを申し入れたものであり、秀次は動員された武士たちの宿泊先につき、秀吉の奉行人たちとの交渉にあたっていたように思われる。

秀次、禁裏御所修理を宰領す

さらに、天正十七年三月十七日には禁裏御所修理の宰領を任されており、普請や作事における総奉行のような役割をになっていたように思われる（『お湯殿の上日記』八）。

ところで、近年発見された山内一豊《やまうちかずとよ》が田中吉政《たなかよしまさ》へ宛てた天正十四年と推定される八月十五日附書状には、「仍大仏地形早出来申候間、中将様（豊臣秀次）御屋敷へ取付申候、定而二三日之間ニハ出来可申候哉」と、秀次屋敷の普請に着手したことが判明する。秀次の京屋

秀次屋敷

敷を窺える貴重な史料である。
天正十六年八月二日には毛利輝元《もうりてるもと》を招いての一宴で演能があり、能舞台が設《しつら》えられていた可能性がある。秀次屋敷は、平安京内裏の紫宸殿《ししんでん》や清涼殿《せいりょうでん》のあったところとの指摘がされている（桜井成廣『豊臣秀吉の居城』一四〇頁）。聚楽第絵図には、秀長屋敷の西側にその一画が描かれている（広島市立中央図書館所蔵「浅野文庫諸国古城之図」）。

二　公家成

秀次、二兵衛と改名

秀次が官途名《かんどな》を名乗るようになるのはいつ頃からであろうか。天正十三年閏八月二十二日、秀吉が秀次へ宛てた判物の宛名は羽柴孫七郎であったが、十月六日、秀吉が参内したとき「今度内昇殿之衆十人被召具」とあり、「二兵衛少将　殿下之甥《ヲイ》　御対面」と、このとき秀次は少将（正五位下相当）として昇殿したことが判明する。しかも、通称の孫七郎から二兵衛へと改名したことが知られるが、実際には翌年九月ごろまでは孫七郎と署名している。なお、秀長もこのとき中将として昇殿している（「兼見卿記」九）。

同十四年十月二十七日、徳川家康は大坂城で秀吉に謁見し、十一月三日には上洛し、同五日には秀吉らとともに参内している。このとき「少将殿下姪孫七郎」として秀次も参

秀次、中納言へ昇進す

表2　豊臣秀次の官位昇進

年　月　日	位　官	出　典
天正13(1585)年10月6日	(正五位下),少将	「兼見卿記」10
天正14(1586)年5月	(従四位下),中将	「芦浦観音寺文書」
天正14(1586)年11月7日	従四位下,参議	「兼見卿記」10
天正15(1587)年(9～11月)*	従三位,権中納言	「兼見卿記」13
天正17(1589)年	従二位,権中納言	『公卿補任』
天正19(1591)年11月28日	従二位,権大納言	「木下家文書」
天正19(1591)年12月4日	正二位,内大臣	「木下家文書」
天正19(1591)年12月28日	正二位,関白	「木下家文書」
天正20(1592)年1月29日	正二位,関白,左大臣	「木下家文書」
天正20(1592)年5月17日	従一位,関白,左大臣	「木下家文書」

＊中納言任官は，天正15年9月17日から11月15日までのあいだである（「兼見卿記」13）.

内した。同七日には、官位の昇進があり「新中納言関白御舎弟　新宰相殿下姪」とあり、秀長は中納言へ、秀次は宰相（参議の唐名）へ昇り、以後羽柴宰相と呼ばれるようになり『公卿補任』に初めて記載されるようになった（「兼見卿記」十）。

さらに、同十五年十一月十五日、吉田兼見は秀吉を見舞い、ついでに「幽斎（細川藤孝）・近江中納言殿申入畢」と御茶のことを秀次へ申し入れている。このときには秀次は「近江中納言」に昇進していたことになる。九月十七日には、まだ「近江宰相」と呼ばれていることから二ヵ月半のあいだに昇進するきっかけがあったと想定するべきであろう（「兼見卿記」十三）。

七月十四日、秀吉は九州攻めより帰陣

し、同二十五日上洛し聚楽へ入った。一ヵ月半後の九月十三日、聚楽への移徙《いし》が行われた。大坂より大政所《おおまんどころ》や政所がおびただしい荷物を従え上洛している。秀次の中納言昇進は、豊臣家の私事とはいえ、聚楽移徙にともなって昇進が沙汰されたものと見てもまちがいないだろう。秀吉が九州攻めのため都を離れているあいだ、聚楽の普請を宰領した恩賞としての昇進であったと考えても見当はずれではなかろう(「兼見卿記」十三)。

以後、羽柴中納言あるいは近江中納言と呼ばれるようになる。八幡山城主近江中納言の誕生であるが、実際のところ京都での生活が中心であったようだ。

同十八年七月、近江より尾張国清須へ転封となるまでのあいだ、秀次が八幡山城主として五ヵ年間に発給した文書は二十通ほどで、領主支配に関わって出されたものは数通にしかすぎない。これは秀次の最後からして後世処分された可能性がないわけではないが、それ以上にもともと領国支配は年寄たちに全面的に任せるかたちをとったからだと思われる。

三　後陽成天皇聚楽第行幸

秀次は八幡山の城主ではあったが在城することは少なく、京都や大坂にいたようである。秀吉が京都や大坂を離れたとき、留守居としての立場を期待されたものと思われる。天正十五年三月から開始される九州攻めに際しても、当初秀次も秀長同様に参陣するはずであったが、結局は京都に残った。直接の理由は、秀吉不在中の大坂や京都を守ることが期待されたからであろうが、一軍を預けられる武将としての資質に不安を残していたからであろうと、推察される。

後陽成天皇聚楽第行幸

秀吉は九州より凱旋後の翌十六年（一五八八）四月、後陽成天皇を豊臣政権の政庁である聚楽第に迎える。秀吉、一世一代の晴の大舞台であった。

鳳輦

行幸当日の四月十四日、応永《おうえい》十五年（一四〇八）の後小松天皇・永享《えいきょう》九年（一四三七）の後花園天皇の行幸の例にならった後陽成天皇行幸の列は、禁裏御所を出、中立売通《なかたちうりどおり》を真西へと十四五町（約一・五〜一・六キロ）歩き聚楽第へ至るのだが、鳳輦《ほうれん》が聚楽第へ着いたものの関白秀吉の迎えの牛車は禁裏を出ていないというありさまであった。このため関白が聚楽第に着くまでの数刻立ったまま待たされるということになったようである。行列がいかに長く、壮麗であったかが推測されよう。

この一キロ以上にも及ぶ行列の両脇には、六千人もの辻固《つじがため》の兵が居並ぶ状況で、五畿七道から集まった貴賤老少には声をしずめて見やるよりほかはなかったらしい。秀吉にとっても一世の晴舞台であったろうが、家康や秀長らとともに行列に供奉した二十一歳の秀次にとっても華やかな場に身を置くことになったのである（「聚楽第行幸記」）。

当日前駈の一人として行列に加わった左兵衛佐《さひょうえのすけ》西洞院時慶《にしのとういんときよし》は、のちに天正二十年正月の行幸をふくめ「天正年中聚楽亭両度行幸日次記」を残している。行幸二日目について少し触れてみたい。

一、関白遅参、其故者、大名衆□目誓詞申付候、意趣ハ以来如秀吉可奉崇敬　禁裏之約諾也、又各々領知被致候其朱印与、雨儀ニ時刻遷也

秀吉、諸大名へ起請誓紙を申しつける

秀吉は、諸大名へ起請誓紙《きしょうせいし》を申しつけていたため遅参したというのである。この誓紙こそ後陽成天皇の行幸を仰ぎ、禁裏を崇敬することを約諾させるかたちで実施された秀吉への臣従化の儀式であった。秀吉の当初より企図した行幸の目的はここにあったと言えよう。

その起請文を見てみよう。

敬白　起請

一、就今度聚楽第　行幸被仰出之趣、誠以難有催感涙事

一、禁裏御料所地子以下并公家門跡衆所々知行等、若無道之族於有之者、為各堅加意見、当分之儀不及申、子々孫々無異儀之様可申置事

一、関白殿被仰聴之趣、於何篇聊不可申違背事

右条々、若雖為一事於令違背者
梵天帝釈四大天王、惣日本国中六十余州大小神祇、殊王城鎮守、別氏神春日大明神、八幡大菩薩、天満大自在天神部類眷属、神罰冥罰、各可罷蒙者也、仍起請如件

天正十六年四月十五日

右近衛権少将豊臣《（前田）》利家
参議左近衛中将豊臣《（宇喜多）》秀家
権中納言豊臣秀次
権大納言豊臣秀長
大納言　源《（徳川家康）》　家ー
内大臣　平《（織田）》　信雄

金吾殿《（木下秀俊）》

一条目で今度の行幸につき仰せ出される趣は感涙を催すものである。第二条目では、「禁裏御料所地子以下并公家門跡衆所々知行」については、異儀なきよう申し置くべきこと。そして、第三条目で関白殿の仰せられる趣は、いささかも違背しないこと、の三ヵ条を起請誓約したのである。

関白殿仰せに違背しないこと

秀吉畢生の後陽成天皇を聚楽第に迎えてのイベントは、右の起請文三条目にこそ秀吉

の目的があったと言わざるをえない。天皇行幸を奇貨として諸大名から秀吉への忠誠を誓わせたのである。「関白殿被仰聴之趣、於何篇聊不可申違背事」との条文こそ、本能寺の変以来、織田家宿老をたおし、家康へは母親までも人質にしてつかみとった天下一統のための大きな布石であった。

主家筋の織田信雄《おだのぶかつ》や家康すら秀吉に臣従を誓約したのである。右の起請文署判の順位より秀次は四位につけていることとなる。なお、起請文の宛先の金吾は、秀吉の正妻北政所の兄木下家定《きのしたいえさだ》の五男秀俊（のちに小早川家を嗣ぐ）である。

足利義昭落飾し昌山と名乗る

行幸三日目は、和歌の御会があり、秀次は「おさまれる御代そとよはふ松風に　民のくさ葉も猶なひくなり」と詠じた。この和歌の会へは、足利義昭が落飾して昌山として門跡衆とともに名を列ねている。幕府崩壊後、十七年にわたる流浪の旅に終止符を打ったことになる。

清華家

この日、尾州内大臣（織田信雄）・駿河大納言（徳川家康）・大和大納言（豊臣秀長）・近江中納言（秀次）・備前宰相（宇喜多秀家）の五人に対し、清華家《せいがけ》（公家の家格で摂家につぐ名門）たる旨の勅許があった（「聚楽第行幸記」『続群書類従』二十輯下）。

秀次、公家仲間入

十七日早朝、山科言経《やましなときつね》は秀次に呼ばれ、衣文《えもん》（装束）のことを世話している。翌朝も呼ばれている。秀次にとって不案内である禁裏社会とのつき合いに欠かせない、装束のことについての指南のようなことを求めているのである。窮屈かつ気詰まりを感じながらも、秀次は晴れて公家の仲間入りを果たすことができたのである（『言経卿記』三）。

行幸は予定よりもながく、十五日に後陽成天皇の還幸となり無事に終えた。二十日、秀吉と後陽成天皇とのあいだで歌の贈答があった。

洛中地子献上と公家・門跡への知行宛行

この行幸は武家への統制の意味をもつが、禁裏へは洛中の地子《じし》五五三〇両余を献上し、諸公家・諸門跡へも近江国高嶋郡内で八千石を宛行《あてが》い、あわせて禁裏への奉公に忠勤することを命じており、諸公家たちへの統制でもあった（「聚楽第行幸記」）。

秀次へ内裏守護を命ず

行幸が済んだ五月、秀吉は御本所（織田信雄）・家康・羽柴筑前（前田利家）・秀長および次兵衛（秀次）の五名に対し「関白如掟内裏ノ儀、永代可奉守護之旨、厳重ノ誓詞相調進上」とあり、この五名に内裏守護を命じたことが判明する（『多聞院日記』四）。内裏守護の一員へ秀次を加えた理由は、関白政権の一門として自立させたい秀吉の意向が働いたのではないかと推察され、秀吉が京都や大坂を離れたときに、内裏や京都の守護を託されたとみるべきであろう。

またこの月、秀吉は、この天皇行幸を喧伝する意味をこめ、楠長諳《くすのきちょうあん》へ行幸記を記させている。秀吉の面目躍如としたことを、後世に残すつもりであったのだろう。

四　武芸の鍛錬

秀次射術を好む

秀次は、剣術や弓矢には関心が高かったようである。「甚ダ射術ヲ好メリ、馭術《ぎょじゅつ》ハ大坪流荒木志摩守元清入道安志ト号ス、射術ハ洛陽山科ニ住シ切磋琢磨スル所ノ片岡平右衛門家次・吉田源八重氏ヲ始メ六人ヲ徴テ其術ヲ試ミル」とあり、剣術・弓術・馭術（馬術）について人並み以上の鍛錬を積んでいたように思われる（『武徳編年集成』）。

片岡家次

さきに射術（弓術）についてみてみよう。片岡家次《かたおかいえつぐ》は、山城国宇治《うじ》郡《ごおり》山科安祥寺の人で、秀次に召し抱えられた射術者六人のなかの筆頭の者で山科派の祖であった。元和《げんな》元年（一六一五）四月十七日、五十八歳で亡くなっていることから、大坂夏の陣に参陣した可能性がある。吉田《よしだ》重氏《しげうじ》は射術の日置《へき》流の流れをくむ印西派の祖である（「新撰武術流祖録」『武士道全書』十一）。また、天正十三年（一五八五）には、上賀茂社の氏人《うじびと》の一人で弓矢上手といわれた岡本新三郎保賀へ一五〇石を宛行《あてが》い召し抱えている（「賀茂編年」）。

最近、秀次の弓術への志向について、京都三十三間堂での堂射（三十三間堂など制限された一定の空間を射通す射術）のことが紹介されている。「関白秀次公射芸を好み給ひ、元祖吉田助左衛門道春を師として其術を習受し給ふ」と、弓術の吉田流出雲派の弓術（遠矢）の指南をうけていた。ところが、師を乗り換えたようで、吉田六左衛門重勝（雪荷）に師事し、遠矢の秘伝を習得したという。しかし、秀次の堂射の腕前はあがらず、文字通り殿様芸の域を出ないものであったと考えられると指摘されている（入江康平『堂射』）。

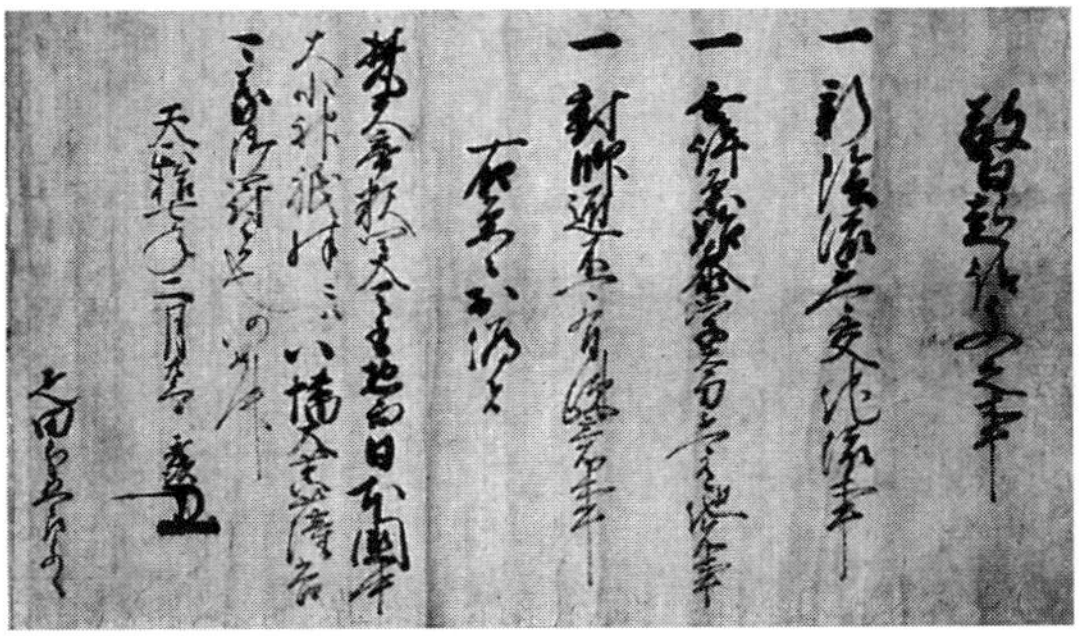

豊臣秀次免許皆伝起請文（永青文庫蔵）

秀次三十三間堂を修理す

天正二十年三月、後白河天皇四百回忌にあたり秀次は三十三間堂を修理しており、堂射との関わりを裏付けるものとして考えられる（『言経卿記』五）。なお、正親《おおぎ》町《まち》院諒闇《りょうあん》中の文禄《ぶんろく》二年（一五九三）二月末の北野辺りでの狩猟は、秀次指弾の根拠となっているが、竜安寺には「関白様御狩之時買物日記」が残され、秀次の狩猟を裏付けることができる（「竜安寺文書」）。

新陰流免許皆伝を許される

つぎに、剣術についてみておきたい。

天正十七年二月二十三日には、疋田分五郎《ひきたぶんごろう》へ、新陰流の奥義につき他言しないなど血判起請文を認《したた》めている。秀次は、新陰流の免許皆伝を許されたほどの使い手であったのかもしれない（永青文庫叢書『細川家文書』中世篇）。

新陰流

疋田分五郎は、新陰流上泉《かみいずみ》伊勢守信綱《のぶつな》（?〜一五七三）の門人で、名は豊五郎《ぶんごろう》とも称し、栖雲斎《せいうんさい》と号し疋田陰流の祖で秀次に仕えた。ちなみに柳生《やぎゅう》宗厳《むねよし》は疋田の弟子にあたる。秀次は、新陰流の柳生宗嚴を指南役として召し抱えたのであろう（「新撰武術流祖録」『武士道全書』十二）。

馭術

最後に、馭術の荒木《あらき》元清《もときよ》は、大坪流（古流馬術）の流れをくむ荒木流の祖であるが、秀次とのかかわりについて委細は不明である。なお、子の元満《もとみつ》は徳川秀忠の馬術の師となった。

秀次が剣術や射術へ人並み以上に関心をもち、腕前も人並み以上であったようだが、これはひとえに小牧長久手の合戦における秀次の失態に激怒した秀吉が、鍛錬のためそれぞれの武芸者を秀次につけたものではないだろうか。秀吉軍の一翼をになうことを期待した叔父秀吉の配慮ではなかったかと思われる。

射術については諒闇中の賀茂山での鹿猪狩り、剣術についてはフロイスが記したように嗜虐的性癖とも思われる試し切りなどにつながっていったようだ。武士としての嗜みである武術は戦《いくさ》の場でいかされることなく、かれの鬱屈をはらす手段として用いられるにすぎなかったことは否めない事実である。

第五　尾張清須城主

一　北条攻め

秀長患う

さきに秀吉の弟秀長《ひでなが》についてこのころの消息について触れておこう。九州攻めでは、秀吉の片腕として大きな働きを残し、秀吉が後事を託せる一番信頼できる弟であったが、天正《てんしょう》十七年（一五八九）十一月ころより患いだした。十二月二十六日には「大納言殿煩大事云々」とあり、多聞院《たもんいん》など奈良の寺院へ祈禱が命じられている。年が替っても好転することはなく三月三日には「大納言殿煩既ニ死ヲ深ク隠スヤ」と噂されるなど、秀吉の小田原攻めに参陣できるような状態ではなかった（『多聞院日記』四）。

秀吉、秀次へ小田原出陣を命じ心得五ヵ条を与える

同年十一月ころより北条氏攻略を高らかに宣言した秀吉は、下旬には小田原出陣のための陣立表を諸大名へ示した。病床の秀長にかわって動員されたのは秀次であった。

翌十八年正月二十八日、秀吉は秀次に対し、出陣に際し五ヵ条の心得を与えた（「大阪城天守閣所蔵文書」）。

小田原への道筋における振舞の心得のようなもので、食事は質素であること、相伴衆・小姓衆へは汁二と引菜《ひきざい》（肴に添えて出す菜）であること、宿泊所では百石宛であること（使用する米を百石とする）、知音《ちいん》などへの振る舞いは無用、薪・そうし《（雑事）》（野菜・油・塩など）・糠・藁については自由であるなどおよそ戦《いくさ》へ動員する武将へ、しかも一軍の大将的立場の者へ宛てるような内容でないことが、かえって秀次の人となりを物語っているようである。秀次に浪費癖があったのではないかとさえ勘ぐられるのである。

諸事家康と相談することを命ず

二月十八日、京都にいた秀吉は、「明後廿日出陣の由、尤に候、……かの表の儀、諸事家康に相談せしめ、異見に任せ、越度《おちど》なき様に才判専一に候」と、秀次に勝手な行動をとらぬように釘をさしている。秀次に家康を伴わせ、落ち度のないようとりしきることを命じたのである（「桑原羊次郎氏所蔵文書」）。

二十日に京都を出陣した秀次は、晦日には駿河国《するがのくに》庵原《いはら》郡《のこおり》神《かん》（蒲）原《ばら》（静岡県蒲原町）に着陣した。三月六日、秀吉は、清須から朱印状で「家康指南次第、越度なき様裁判専一に候」と、再度秀次へ勝手な振る舞いを戒めている（「士林証文」）。秀次の軍勢は、家康の指示のもとで行動をとるよう求められており、秀次自身に軍勢を指揮するような力はなかったように思われる。

秀次、山中城を攻める

このように行動を掣肘されたような秀次であったが、二十九日には松田康長が守る山中城（伊豆国《いずのくに》田方郡《たかたのこおり》）攻めでは獅子奮迅の活躍をし、「城主の事は申すに及ばず、首千余討ち捕り、その外追い打ち数を知らず」と、秀吉は島津義弘《しまづよしひろ》をはじめとして加藤清正《かとうきよまさ》・黒田長政《くろだながまさ》・吉川広家《きっかわひろいえ》・鍋嶋直茂《なべしまなおしげ》などへ秀次の手柄を喧伝している（『島津家文書』一など）。

秀吉、秀次の手柄を賞讃す

四月にはいると秀吉の声は一段とたかまりをみせ、四月七日に島津義久《よしひさ》などへ与えた朱印状には「山中城、中納言（秀次）自身乗り崩し、城主始め首二千余討ち捕」ったと、秀次自らが攻略したかのような表現に変化している（『島津家文書』二）。当初は何ごとによらず家康の指南を受けるよう指示していたが、いざ手柄を立てたとなると前言撤回したように小躍りし、不肖の甥っ子の手柄を諸手《もろて》をあげて快哉の声をあげているようである。

秀次手柄は疑わしい

しかし、諸大名へ甥っ子の手柄を喧伝したのとは裏腹に、小田原から母親の大政所《おおまんどころ》や正室の北政所など肉親へ宛てた書状には、小田原での戦況を詳しく報じているにもかかわらず、秀次の活躍についてまったく触れていないのである。四月十日附で大政所へ送った消息には、秀長の病状については触れているが、秀次の手柄についてはひと言も触れていない。このあたりに秀吉の秀次評があるように思われ、秀次の手柄の信頼性が疑われてくるのである。

事実、大納言勧修寺晴豊《かじゅうじはれとよ》の日記には、「江州中納言孫七郎（秀次）、人数事の外関東にてそこね申候由、とり〳〵此さた也」と、真偽のほどは確かではないが、味方の軍勢を多く失

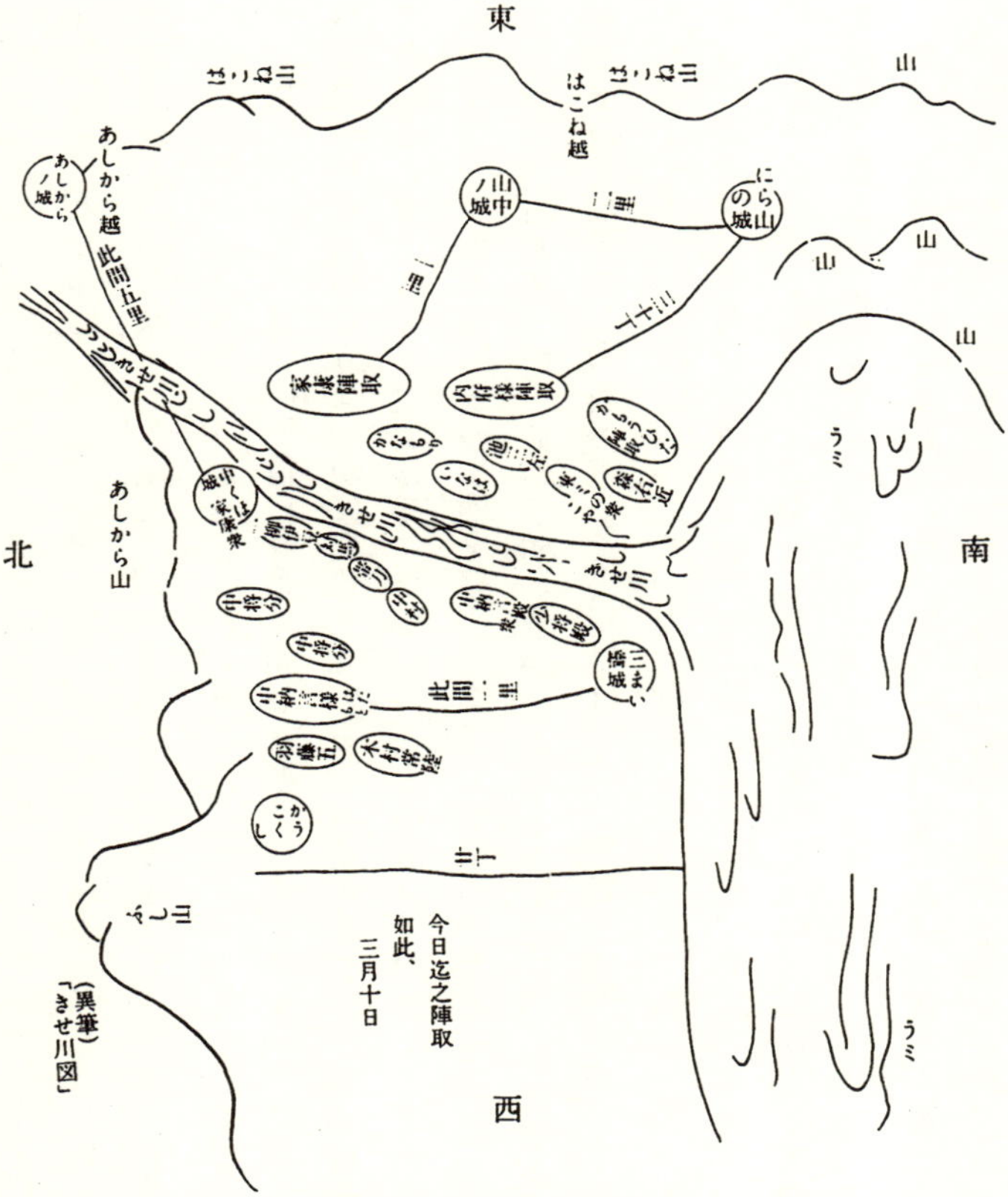

小田原陣之時貴瀬川陣取図（山口県文書館蔵）

ったとする、このような噂が流れていたようである（『晴豊記』）。

山中城攻めで大きな手柄をたてたはずの秀次であったが、その後の消息はプッツリと途絶えてしまう。本格的な北条攻めに入るまえに前線から姿を消してしまうのである。小田原包囲網の一軍としておとなしく滞陣していたのだろうか。

小田原北条氏滅亡

七月五日、最後まで抗戦していた北条氏政・氏直は、小田原城を出て投降した。氏政は弟で八王子城主であった北条氏照とともに自害、氏直は、助命され高野山へ追放され、ここに北条氏三代は滅亡したのである（『当代記』）。

家康を関東へ移す

同十三日、小田原へ入った秀吉は早速論功行賞を行った。徳川家康を関東へ移し、家康旧領を織田信雄《おだのぶかつ》へ、信雄旧領を八幡山城主であった秀次へ、家康を遠ざけるとともに旧主家筋の信雄を本貫地である尾張から遠ざけ、尾張を豊臣氏の本貫地にしようともくろんだものと思われる。

織田信雄所領を奪われる

ところが、織田信雄は三河・遠江への転封に難渋を示したため秀吉の怒りにふれ、所領を奪われ下野国烏山《からすやま》へ流された。このため信雄は剃髪し常真と号し、翌年さらに出羽国秋田へ移された（『当代記』）。

秀次は、近江四三万石から一気に尾張一国などを領有する大大名として、清須へ移ることになったのである。尾張国が織田氏の領国であったことに準《なぞら》えるように、今また秀吉自身が生国尾張を領有化したものと考えられる。秀次に附けられていた年寄たちもそのまま移封となった（『家忠日記増補追加』）。

二　尾張転封

秀次尾張へ移される

近江から尾張への転封については、秀吉から秀次に対し、新たな領地宛行《あてがい》の朱印状が発給されたかどうかわかっていない。このことは、秀吉と秀次両人の関係を規定するうえで重要な問題である。天正十三年の近江への領地宛行では朱印状が出されており、甥っ子とはいえ主従の関係が成立していた。ところが、今回の場合は発給されなかったのか、それとも発給されたが伝来しなかっただけとみるべきか、検討を要する大きな問題である。

秀次附宿老達も三河・遠江・駿河へ移される

秀次を尾張へ移したことを示す一次史料はない。太田牛一の『大かうさまくんきのうち』にはつぎのように記されている（表3参照）。

秀次へ尾張一国、秀次へ附けられていた宿老田中吉政《たなかよしまさ》・池田《いけだ》照政《てるまさ》・堀尾《ほりお》吉晴《よしはる》・山内一《やまうちかず》豊《とよ》・渡瀬《わたらせ》繁詮《しげあき》（合計四〇万九〇〇〇石余）、そして中村一氏《なかむらかずうじ》へは駿河国一国（「日本賦税」では一五万石）が宛行われた。「日本賦税」に拠れば尾張一国は五七万石余あり、宿老分五八万石を加え一一五万石余を東海道筋で領有することになった。近江のときとは違い、秀次へ宛行われた所領のなかからではなく、単独に宛行われたことが特徴的である。

三好吉房清須へ移る

表3　豊臣秀次附大名の移封地と石高

名　前	前封地	移封地	石　高
田中吉政	近江国，八幡	三河国，岡崎	5万7400石
池田照政		三河国，吉田	15万2000石
堀尾吉晴	近江国，佐和山幡	遠江国，浜松	12万石
山内一豊	近江国，長浜	遠江国，掛川	5万石
中村一氏	近江国，水口	駿河国，府中	17万5000石
三好吉房		尾張国，清須	10万石
渡瀬繁詮		遠江国，横須賀	3万石

出典　『大かうさまくんきのうち』

家康が関東に移った後、かつての徳川領国には豊臣大名が配置されていった。近江では年寄分で二〇万石であったのに対し倍以上に拡大している。慶長国高によれば三河は二九万七五〇石、遠江は二五万五一六〇石、駿河は一五万石で三ヵ国合計六九万五九一〇石となり、転出した彼らが約八〇%を領有することになった（「日本賦税」）。

秀次の実父の三好吉房《みよしよしふさ》は、当初犬山城へ入ったが、のち清須へ移った。清須城は秀次の居城であり、一〇万石は吉房への勝手賄料的なもので自身の領地であったかは断定できない。このほか木下一元《きのしたかつもと》・原長《はらなが》頼《より》・徳永寿昌《とくながながまさ》・日根野弘就《ひねのひろなり》・吉田好寛《よしだよしひろ》など一万石以上の者たちの所領もあり、美濃から駿河にかけての、かつて織田・今川・徳川氏が争奪戦を繰り広げた東海地域は、今や完全に豊臣領国化したのである。

彼らは秀次とは主従の関係は結んでいないが、近江時代以来の秀吉より附けられた与力大名的存在のままであったのか検討を要する。田中や山内は、近江の領国支配に当たり在地の相論裁定に関わっているが、尾張時代では確認することはできない。

秀次は尾張の領主か

ところで、秀次は尾張の領主となったのであろうか。同十八年八月二十七日、秀吉は奥羽仕置《しおき》を終え上洛の途次、清須へ立ち寄り、清須町と熱田社へそれぞれ伝馬のことなど三ヵ条の条書をくだしている（「名古屋市博物館所蔵文書」「千秋家文書」）。尾張国が織田氏の領国から豊臣氏の領国へ移管したことを天下に宣言するものであったとの見方もある（『新修名古屋市史』二、七六五頁）。いったん、尾張国は豊臣氏領であることを宣言したうえで秀次に引き渡したと考えるべきなのだろうか。尾張一国を秀次所領と理解するよりも、豊臣蔵入地《くらいりち》として秀次に預けたものと考えるべきではなかろうか。

秀次の清須在城

秀次の清須城在城期間は、天正十八年七月から、関白職を奪われ高野山へ追われる文禄四年（一五九五）七月八日までの、合計一八二八日間余（五年余）のことである。もっとも、秀次が清須にいたことは少なく、尾張での実務は父親の三好吉房が代行していたようである。長期在国といえるのは、奥羽再仕置のため待機していた天正十九年正月から六月下旬ごろまでで、あとは立ち寄った程度である。秀次が尾張の領主として発給した文書は、検地帳を除外すると六〇点ほどである。知行宛行と知行目録が半数をしめ、発給年次も天正十八年（十五点）・十九年（十一点）・同二十年（十二点）の三年が中心で、文禄二・三年と激減する。もっとも、文禄二年以降は秀次家臣による奉書が出されるようになり、尾張支配が整備されてきた結果と言える。

三　尾張支配

秀次三河国で検地

尾張入国後、秀次が最初に行なったのは天正十八年九月二十四日の家臣たちへの知行宛行であるが、これについては次節で触れる。秀次の尾張一国領主として大きな事業のひとつに検地があげられる。ところが、天正十八年は三河国碧海《あおみ》郡《ごおり》篠目《ささめ》村・野寺《のでら》村・福鎌《ふくかま》村（いずれも現安城市）の検地であり、秀吉も三河国内で検地を行なっているが、尾張国内での検地には着手していない（『愛知県史』資料編13　織豊3）。

秀吉は、九月十七日、三河国宝飯《ほい》郡《ごおり》財賀《ざいか》寺（現豊川市）の寺領検地、翌十八日額田《ぬかた》郡《ごおり》片寄《かたよせ》村（現岡崎市）、下平《しもだいら》村・与ツ松《よまつ》村（ともに現豊田市）、同二十一日賀茂《かも》郡《ごおり》足助《あすけ》庄（現豊田市）、同二十六日大当下《おおとうげ》（峠）村（現新城市）、二十七日には設楽《したら》郡《ごおり》振草《ふりくさ》村内尾籠《びろう》村、設楽郡小代《こしろ》村（いずれも現北設楽郡東栄町）で実施しているが、田積表示に大半小の中世の田積表示を残したり、分米記載のないものなど、太閤検地としては古いかたちをとどめたものであった。

秀次も九月に三河国碧海郡篠目村と碧海郡野寺村で検地を実施している。分米記載のないところは秀吉検地斗代と相似たところが見られる。ところが、斗代では、上田一石四斗（一石五斗、カッコ内秀次の斗代）・中田一石二斗（一石三斗）・下田一石（一石一斗）・上畠一石三斗（七斗五合）・中畠一石二斗（六斗五合）・下畠九斗（五斗）と、田方では秀次検地がやや高く、畠方では秀吉検地の方が高斗代となっている。もちろん、検地を受けた村柄に大きく影響するものだが、少なくとも秀吉と秀次両者別基準で検地を実施したものと思われる（前掲書）。

検地置目

翌十九年は、朝鮮出兵にむけ全国規模で太閤検地が実施されたにもかかわらず、尾張・三河両国で同十九年の検地帳は確認されていない。同十九年八月二十日、秀次は一《ひとつ》柳直盛《やなぎなおもり》や池田照政へ検地置目《おきめ》を与えたが、これを奥州検地へのものと見るか、尾張検地のものと見るか、見解が分かれている（「一柳家文書」）。

奥羽仕置のため遠征中の秀次が陸奥《むつ》国栗原郡《くりはらごおり》三の迫《はざま》（現宮城県北部）に置いた本陣から国元の池田や一柳へ尾張と三河の検地を厳命したものと考えるか、それとも同じように奥羽仕置のため出陣していた一柳や池田に対し奥羽での検地の指針をしめすべく与えた置目と考えるか、結論はみていない。ただ、尾張・三河での同年の検地帳が見出されていないかぎり、一柳らに与えた検地置目は奥羽仕置後の検地のために出されたものと考える方が整合的であろう。もっとも、奥羽で出した検地置目の内容が、同二十年の尾張でも適用されたと考えることの余地は残されている。

秀次、尾張国中検地につき念入れることを命ず

事実、天正二十年三月より四月にかけての検地帳が残されている。二月一日、秀次は徳永寿昌へ検地につき、つぎのように命じた（「名古屋市博物館所蔵文書」『愛知県史』資料編13織豊3）。

今度尾張国中検地被　仰出付而、在々所々免合《めんあい》之事、徇被請取、郡内村々田畠之高下能々入念見斗、土免可相究、然上者当毛付分於令不作者、百姓可成敗旨、堅可申聞也

（天正二十年）二月朔日（朱印）

徳永式部卿法印（寿昌）

御同宿中

徳永寿昌は秀次附で、尾張国丹羽《にわ》郡《ごおり》と美濃国松ノ木（現岐阜県海津市）のうちで二万石を拝領していたが、検地に際し免合について念をいれ、当毛付《けづけ》分の不作がないよう厳命したものである。

表4　天正20年尾張・三河の検地斗代

	検地置目	三河国 賀茂郡 西枝下村	三河国 賀茂郡 篠原村	三河国 高橋郡 八草村	三河国 高橋郡 猿投村	尾張国 海東郡 津島北郷
上田	1石5斗	1石5斗	1石4斗	1石4斗	1石5斗	1石5斗
中田	1石3斗	1石3斗	1石1斗	1石1斗	1石3斗	
下田	1石1斗	1石1斗	8斗	8斗	1石1斗	
上畠	1石	1石2斗	1石	1石1斗	1石2斗	
中畠	7斗5升		7斗	9斗	9斗	
下畠	5斗	5斗	4斗		5斗	
屋敷		1石2斗	1石	1石2斗	1石2斗	

出典　天正19年8月20日附検地置目（「伊予一柳文書」）．他は『愛知県史』資料編13，織豊3．

表5　尾張・三河における秀次の施政

年　月　日	地　　名	寺　社　名	名　　目
天正19年3月	尾張国春日井郡大野木郷	六所大明神	再興
天正19年4月3日	尾張国海東郡津島	津島社	修理
天正19年4月29日	尾張国愛知郡熱田	誓願寺	屋敷地寄進
天正19年5月1日	尾張国愛知郡熱田	熱田社	初尾銭
天正19年6月26日	尾張国春日井郡	安斎院	寺領寄進
天正19年8月	尾張国海東郡津島	津島社実相院	燈明料替地
天正19年12月2日	尾張国海東郡津島	津島社実相院	天王社造営料寄進
文禄元年2月11日	尾張国春日井郡	小松寺	寺領寄進
文禄元年2月28日	尾張国中嶋郡国府	国府宮	禁制
文禄元年4月5日	三河国賀茂郡篠原	永源寺	除地
文禄元年8月2日	尾張国海東郡津島	津島社神主	社領目録
文禄2年7月2日	尾張国海東郡津島	社人　堀田右馬大夫	寄進
文禄2年7月	尾張国中島郡	妙興寺	再興

出典　『愛知県史』資料編13，織豊3．

三月に入ると知多郡《ちたごおり》大野内湊《みなと》村（現常滑市）、四月に三河国賀茂郡《かもごおり》西枝下《にししだれ》村・同高橋《たかはし》郡《ごおり》猿投《さなげ》村・同賀茂郡篠原《ささはら》村（いずれも現豊田市）、尾張国海東郡《かいとうごおり》津島北郷（現津島市）でそれぞれ検地を実施したことが判明する。わずかの事例だが、これは検地帳が伝来しなかっただけのことで、検地は尾張・三河両国で実施されたことを裏付けるものである（『愛知県史』資料編13　織豊3）。いま、この時の検地斗代をまとめたものが表4であり、参考として天正十九年に出した検地置目に記載された斗代をも示した。一般化するのは問題だが、前年に出した検地置目の数値とごく近いものであることが判明する。

この検地は秀次主導で進められたとの指摘もある。これはのちに「尾張国中、在々すいひ（衰微）せしめ」たことを譴責される原因となり、この検地がどのように実施されていったかについて、検証を必要とするものである（『清洲町史』）。

なお、秀次が領国内の寺社へ寄進や再興などにかかわったものをまとめたものが表5である。検地・知行宛行など領主権以外にかかわる秀次の足跡を見出すのは難しい状況である。

四　家臣団と知行宛行

秀次家臣たち

近江時代、尾張時代を通して、秀次の家臣数および家臣団構造などについては明らかではない。秀吉より附けられた年寄衆たちは別として、子飼の家臣や譜代の家臣がいかほどいたのであろうか。当然のことながら、近江時代には、六角氏や浅井氏に仕えた者、織田信孝に仕えた者、在地土豪クラスの者が召し抱えられていた。右筆《ゆうひつ》で代官の駒井重勝、代官の益庵《えきあん》、御馬廻《おうままわり》の尼子寿千寺《あまこじゆせんじ》、阿閉《あつじ》平右衛門・雨森《あめのもり》長助などが挙げられる。

織田信雄分限帳

尾張入国に伴い秀次は、織田信雄に仕えていたものの、天正十八年（一五九〇）七月、禄を離れた信雄の家臣を少からず召し抱えた。同二十年六月、秀吉より朝鮮出陣用意を命じられて作成された「御人数備《そなえ》之次第」に見える家臣団のなかに「織田信雄分限帳」に記載された人名が見られる（『新編一宮市史』資料編）。富田高定《とみたたかさだ》（御馬廻）・今枝重直《いまえだしげなお》（同）・丹羽氏次《にわうじつぐ》（同）、このほか瀧川雄利《たきがわかつとし》・喜多野彦四郎《きたのひこしろう》・橋本道一《はしもとみちかず》・瀧善太郎《たきぜんたろう》などは織田信雄の旧臣であった。

秀次、家臣団支配のため法度を定める

同十九年六月二十三日、秀次は家臣団統治のための七ヵ条の法度を定めた。

一、関白殿（豊臣秀吉）御奉公衆不寄大名小名、秀次侍共相中（会）候時ハ、何茂畏、道等にてもわき（脇）

へあらけ（散去）可令通、別而慇懃可在之事

と、秀次の家臣が秀吉家臣に会った際には道の脇へよけ慇懃にすることを、第一条目に申しつけている。秀次のような寄せ集めの家臣団では、ややもすると横柄な振る舞いなどが見られたのであろう。他の六ヵ条ともに、秀次に仕えた小者たちの振る舞いをただしたものである（「竹田庄九郎氏所蔵文書」）。

秀次家臣団の軍役基準は不明だが、御馬廻の左備《ひだりぞなえ》を担う四名のなかに富田・今枝の名前が見られる（「尊経閣文庫所蔵　古文書纂〈征韓文書六〉」）。

御馬廻

左備

（中略）

一弐百弐拾五人　武藤左京亮

一百八拾八人　富田喜太郎（高定）

一百参拾二人　今枝弥八（重直）

一百参拾弐人　尼子寿千寺

已上六百七拾七人

（後略）

信憑性はないものの、朝鮮出兵のための尾張の軍役数に当てはめると、富田は五〇〇〇石余・今枝は三七〇〇石余を知行していたこととなる（岩波文庫版『太閤記』下）。尼子寿千寺は、近江時代に附属した家臣。武藤左京亮は、長門守の子で、姉妹の一人（おさな）は秀次の侍女として文禄四年八月処刑されている。尾張出身と思われる。

今枝重直

今枝重直は、天正二十年には二度加増されている。正月は、近江と尾張で一〇〇〇石、六月十一日には尾張国内で二八〇〇石余が宛行われた（加越能文庫「今枝氏古文書等写」）。この加増は、春の検地結果を受けてのものと思われ、また「御人数備之次第」に即応したものと言えよう。同日、今枝など六名（寺院を含む）へ知行が宛行われている。

秀次の知行宛行

秀次の家臣団への知行宛行をまとめたものが表6である。残されたものが少なく特徴などを見出すのは困難である。

ただ、天正二十年六月十一日のものは、知行目録として伝来しているにもかかわらず、他は秀次朱印宛行状である。前者には秀次朱印状が、後者には知行目録が欠けていることとなる。当初より発給されなかったのか、それとも伝来しなかっただけのことか疑問は残る。

御人数備之次第

「御人数備之次第」の軍役合計数は、三万四二三〇人となっているが、そのうち秀吉から附属された堀尾吉晴・池田照政・山内一豊・田中吉政・中村一氏・一柳直盛・徳永

表6　豊臣秀次の尾張における知行宛行

年月日	知行主	石　高	場　所	出　典
天正20年 1月	今枝重直	1000石 （内500石）	尾張・近江	「今枝氏古文書写」
1月	真田源五	500石 （内400石）	尾張・近江	「真田家文書」
6月11日	万徳寺	53石	尾張愛智郡	「万徳寺文書」
6月11日	藤堂嘉清	4600石	尾張丹羽・ 高橋郡	「藤堂文書」
6月11日	長谷川半右衛門	300石	尾張海東郡	「那賀郡古文書」
6月11日	香西又一	250石3	尾張高橋郡	「黄薇古簡集」
6月11日	安斎	30石036	尾張知多郡	「安斎院文書」
6月11日	今枝重直	2828石65	尾張中島・ 知多郡	「今枝氏古文書写」
文禄2年 3月	今枝重直	1500石	尾張海東郡	「今枝氏古文書写」
3月	生駒直勝	1000石	尾張中島郡	「生駒文書」
11月17日	兼松正吉	510石	尾張春日井郡	「兼松文書」
11月17日	田代太郎右衛門尉	340石 （内187石余）	尾張・近江	「瑞泉寺文書」
文禄3年 3月13日	沢井左衛門尉	1000石 （内41石余）	尾張・三河・ 近江	「沢井文書」

寿昌分一万七九七六人を引いた分が、秀次直臣団への軍役数となる。軍役数の合計は、三万四二三〇人となっているが、計算すると二万七二八四人にしかならない。今ここでその理由を明らかにはできないが、秀次家臣団に賦課せられた軍役の約六六%が秀吉より附属せられた大名たちにより支えられていたこととなる。

子飼や譜代の家臣を持たないだけに、勢い寄せ集めの家臣団を形成していたものと推察されるが、文禄四年の事件の折に数万の軍勢を伏見へ差し向けたなどとの話は、三年後のこととはいえ、あまり根拠のある話とは思われない。

五　奥羽仕置

北関東・奥羽諸大名の小田原出仕

天正十八年（一五九〇）、小田原攻めの途中から、北関東・奥羽に本拠を置く大名たちが秀吉のもとへ出仕しはじめた。五月二十四日、結城晴朝《ゆうきはるとも》、同二十七日には佐竹義宣《さたけよしのぶ》・宇都《うつの》宮国綱《みやくにつな》が、そして六月五日には伊達政宗《だてまさむね》が小田原へ参着した。もっとも、政宗はすぐには拝謁を許されず留め置かれた。さらに、同二十日には最上義光《もがみよしあき》、七月六日に南部信直《なんぶのぶなお》が秀吉のもとへ出仕したのである（小林清治『奥羽仕置と豊臣政権』）。

北関東・奥羽に本拠を置く大名たちの小田原出仕は、秀吉への服属を示すものではあったが、所領の安堵には必ずしも結びつかなかった。八月一日、佐竹義宣へ常陸・下野国内で二一万貫余が宛行われるなど、七月に戸沢氏へ出羽国仙北郡内、十月に那須氏へ下野国那須郡内、十二月には大崎氏・相馬氏へ陸奥国内にて、仁賀保《にかほ》氏・打越《うちこし》氏などへ出羽国由利郡内にて本知が安堵されたが、奥羽で大きな勢力を占めていた伊達氏をはじ

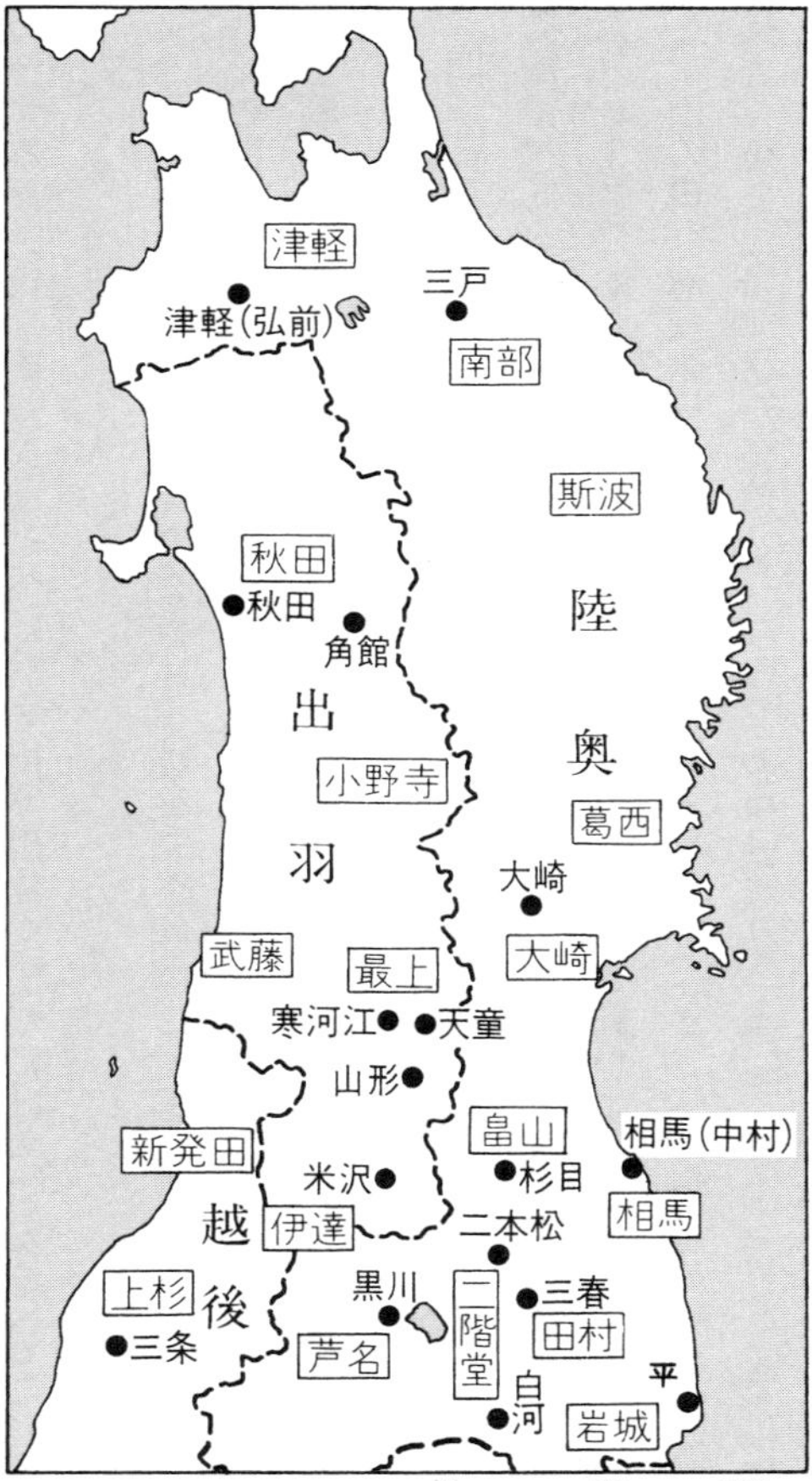

東北の群雄（天正10年〈1582〉前後）
（藤木久志『日本の歴史15　織田・豊臣政権』小学館，1975年を参考に作図した）

めとする最上氏・南部氏などへは、小田原出仕がすぐには本領安堵へとはつながらなかった（小林、前掲書）。

秀吉・会津地方へ出陣

七月、小田原平定を終えた秀吉は、踵を北へ向け十七日に小田原を出陣し、八月九日、会津の黒川城（現会津若松市）へ着陣するとただちに仕置を実施し、会津地方周辺の勢力図を刷新した。大崎義隆《おおさきよしたか》・葛西晴信《かさいはるのぶ》・石川昭光《いしかわあきみつ》そして白川義親《しらかわよしちか》の所領を没収したのである（『伊達治家記録』二）。

検地の徹底を命ず

同十一日、「会津の儀、松阪少将（蒲生氏郷）ニ下され候、検地の義、中納言（秀次）仰せ付けられ候」と、秀次に対し会津地方での検地を命じたのち、翌日、かつて太閤検地論で一躍脚光を浴びたフレーズである検地反対に対しては「一人も残し置かず、撫で切りに申し付くべく候、……山の奥、海は艪櫂の続き候まで念を入るべきこと」と、検地の徹底を厳命した浅野《あさの》長吉《ながよし》へ宛てた朱印状が発給されたのである（『浅野家文書』）。翌十三日、秀吉は奥羽仕置を終え、帰洛の途についた。

葛西晴信・大崎義隆

しかし、小田原への出仕を拒んだ者へは、秀吉による仕置が待ち受けていた。なかでも葛西晴信（牡鹿《おしか》・登米《とよま》・本吉《もとよし》・磐井《いわい》・胆沢《いさわ》・江刺《えさし》・気仙郡《けせんごおり》および桃生《もものう》郡東部と栗原郡東北部、現宮城・岩手県）、大崎義隆（栗原・玉造《たまつくり》・遠田《とおた》・賀美《かみ》・志田《した》郡、現宮城県）、石川昭光（伊達政宗の叔父、石川郡、現福島県）、白川義親（白川郡、現福島県）などは小田原不参を責められ、それぞれの地を没収された。あとには明智《あけち》光秀《みつひで》の家臣で、のちに秀吉に仕えた木村吉清《きむらよしきよ》が入り、登米《とよま》郡《ごおり》の登米城を居城とした（『浅野家文書』）。

岩手沢城落城

木村吉清は小身であったため家臣も少なく、急遽取りたてた家臣団は統制がきかず、新領地での領民支配がおざなりになったため、大崎氏の旧臣などによる抵抗に直面した。十月十六日、玉造《たまつくり》郡《ごおり》岩手沢で起きた一揆は、岩手沢城を落とし、大崎・葛西氏の旧領一体に広がりを見せはじめた。知らせを受けた黒川城の蒲生氏郷《がもううじさと》と米沢城主伊達政宗は、一揆鎮圧のため出動し、十一月二十四日、登米郡佐沼城で包囲されていた木村吉清・清久父子を救出した。木村父子救出過程で、蒲生氏郷と反目しあった伊達政宗は、秀吉から一揆煽動の疑いをかけられることとなり、翌天正十九年正月上洛して弁明することとなった（小林、前掲書）。

京儀

奥羽における仕置は、「京儀」に従うことをよしとしない勢力や、既存の伊達氏・南部氏・最上氏などへ従わない在地勢力に向けられた。三月に入ると北奥の九戸《くのへ》政実《まさざね》と南部信直とが交戦するようになり奥羽の「惣無事」には今少し時間を要するようになり、六月二十日、秀吉は再仕置を命じた。最終的には北奥の糠部《ぬかのぶ》郡《ごおり》（現岩手県北部と青森県南部）の南部氏一族であった九戸政実の乱の鎮圧により秀吉の天下一統は達成されたこととなる（『伊達家文書』「尊経閣文庫所蔵　古蹟文徴」ほか）。

秀次、黒川へ着陣

この奥羽における一連の軍事行動に、おそらく形式的な総大将となったのが秀次であった。秀吉より一足先に出陣した秀次は、七月二十五日ころには会津へ着陣の予定との知らせが伊達政宗へ届けられているが（『伊達家文書』二）、黒川城へ入ったのは八月一日のことであった（『伊達治家記録』二）。七月二十八日、相馬義胤《そうまよしたね》が山形の最上義光へ送った書状には、「中納言殿《（豊臣秀次）》二本松へ御着陣、家康事者田村へ御着」とあり、小田原攻めの時と同じく家康が補佐役に附けられていたことが知られる（二戸市歴史民俗資料館編『九戸の戦関係文書集』）。

奥州会津御検地条々

会津黒川城へ着いた秀吉は、同九日、ただちに秀次へ宛て「奥州会津御検地条々」を与えた。この「条々」には宛名を欠くが、この文書を伝えたのが一柳氏であることから、秀次に出されたものと推定されている。秀次が実際、会津地方で検地を実施したかどうか明らかではなく、会津での足跡はほとんど確認できない（「伊予小松一柳文書」）。

八月二十三日、伊達政宗は、大崎・葛西などの仕置をめぐり、異議なきことを秀吉へ取り次いでくれるよう、秀次へ鄭重な書状を送っている。秀吉との関係を、秀次を介し修復を試みているようにも考えられる（『仙台市史』資料編10）。

秀次、尾張に帰国

秀次の行動は、こののち不明である。十月十六日、大崎・葛西氏の一揆が蜂起すると会津地方の政情は俄然緊迫の度をますが、このころ、秀次は会津を離れ尾張へ帰国していたのではないかと思われる。

尾張へ帰った秀次は、九月二十四日、藤堂嘉清《とうどうよしきよ》・黒田孝高《くろだよしたか》（如水）など九名へ知行を宛行い（「藤堂文書」）、十一月九日には、片桐貞隆《かたぎりさだたか》と宮城豊盛《みやぎとよもり》へ尾張国で知行を宛行っている（「片桐文書」、成簣堂文庫『武家文書の研究と目録』上）。十月には、伯父にあたる秀長の病気本復のための祈禱を大和多武峰《とうのみね》惣山中へ命じている（「談山神社文書」）。

秀次、秀長の病気本復の祈禱を命ず

ところが、十一月下旬、伊達政宗に別心の兆ありとの情報がもたらされると、秀次は蒲生氏郷を救援するために、再び家康とともども出陣することとなった。十二月八日には、宇都宮に在陣していた（「岡本文書」『栃木県史』史料編中世3）。しかし、事態は浅野長吉により終息されたためか、秀次は帰国している。

再仕置

年末に関東より帰国した秀次は、天正十九年元旦、前年の大崎・葛西一揆以降くすぶっていた奥羽地方の再仕置のため、出陣することとなった（『武徳編年集成』上）。正月十四日には、武蔵国府中で家康と会見しているが、そののち兵を引きあげ清須へ戻っている（『家忠日記』）。閏正月二十七日、上洛の途次にあった政宗は、清須へ鷹野に下っていた秀吉に謁見した。その時、秀吉は京都への伝馬を秀次に命じており、秀次の在国を確認することができる（『仙台市史』資料編10）。

九戸・櫛引逆心

さて、くすぶりつづける北奥の状勢に対し浅野長吉は、四月十四日、三戸《さんのへ》の名久井《なくい》

（現青森県）の城主で南部信直に属している東直義《ひがしなおよし》へ宛てた書状のなかで、

九戸・櫛引逆心の由、是非なき次第候、皆々何を御分別違にて此《か》くの如き手立て候哉、縦え奥州一篇に候とても仰せ付けらるべき儀、安き事に候に、右の始末沙汰の限り候

と、たとえ奥州勢が一緒になっても秀吉軍にとって鎮圧はたやすいことであると言い放ち、後段で葛西・大崎表へは家康・中納言（秀次）の軍勢が再出陣することを伝えている（『九戸の戦関係　文書集』）。

秀吉、秀次へ九戸の乱の鎮圧を命ず

さらに、六月十五日、浅野はふたたび東直義へ「家康・中納言殿」が七月上旬に出馬され、蒲生氏郷は十四日には二本松へ着陣したことを伝えた。同二十日、秀吉は、南部信直の一族九戸政実が引き起こした乱の鎮圧を、つぎのように秀次へ命じた（尊経閣文庫所蔵「古文書纂」）。

奥州奥郡為御仕置被遣御人数道行之次第

一番　羽柴伊達侍従（伊達政宗）
二番　羽柴会津侍従（蒲生氏郷）
　　　羽柴常陸侍従（佐竹義宣）
三番　宇都宮弥三良（国綱）

四番　羽柴越後宰相中将（上杉景勝）
五番　江戸大納言（徳川家康）
六番　羽柴尾張中納言（豊臣秀次）
已上
一、江戸大納言・尾張中納言二本松通可被相越事
一、羽柴常陸侍従・岩城・相馬・宇都宮弥三良、其外一手之衆相馬通可相越事
一、羽柴越後宰相并出羽衆最上通可相越事
（三条略）
一、江戸大納言・尾張中納言大崎辺ニ程近有之、先々之儀人数入候者可差遣事
（一条略）
一、右之普請申付候内ニ郡分知行替以下之仕置可相究、会津へ近き郡者何之郡成共会津へ可相付候、葛西・大崎へ近き郡者伊達かたへ為相付事
以上
天正十九年六月廿日（朱印）
羽柴尾張中納言殿（豊臣秀次）

伊達政宗・蒲生氏郷・佐竹義宣・宇都宮国綱・上杉景勝《うえすぎかげかつ》・徳川家康、そして秀次の大

軍勢を差し向けた。この朱印状では、戦後の仕置まで示してあり、先にみた浅野長吉が東氏へ「奥州一篇に候とても仰せ付けらるべき儀、安き事に候」と豪語したように、秀吉による天下一統が奥羽まで浸透していくことを物語っていよう。奥州奥郡への鎮圧にもかかわらず奥郡の戦後処理についての指示がないのは、秀吉の奥羽観とみることもできよう。

五ヵ条の定書

これを承け秀次は、出陣より以前の七月五日には土民百姓向け三ヵ条の法度《はっと》、七日には五ヵ条の定書《さだめがき》を出している。前者では、戦後処理を前提とした年貢の減免を指示し、百姓への非分の禁止を命ずるなど、豊臣政権としての方針を秀次が命じている。また、後者の定書では、進撃する鎮圧軍による乱暴狼藉などを戒めたものであるが、秀次が戦場で出した唯一のものといえるものである。この定書は中尊寺に伝来していることから、この地域まで進軍したことを示す徴証ともなる（「中尊寺文書」『平泉市史』史料編）。

秀次、二本松へ着陣

八月二日、下野国那須郡《なすごおり》大田原（現栃木県）に着き、六日には陸奥国安達郡《あだちごおり》二本松（現福島県）へ着陣した（『上杉家文書』三、『伊達家文書』二）。九日には、北奥の雄津軽為信《つがるためのぶ》に対し、つぎのような判物《はんもつ》を送っている（「津軽家文書」）。

已上

其表仕置等為可申付、羽柴会津少将（蒲生氏郷）・浅野弾正少弼（長吉）・堀尾帯刀（吉晴）相動之事候之間、諸

奥郡仕置を命ず

九戸城跡全景（二戸市埋蔵文化財センター提供）

篇無由断可被馳走儀専一候、尚追而可申越候之条、不能巨細候、謹言

（天正十九年）八月九日　　秀次（花押）

津軽右京亮（為信）殿

この段階ではまだ九戸城は落ちていないが、早くも戦後のことを前提として、奥郡での仕置を命じたものである。七月五日の定書では、乱後のことであり、年貢については少々免除することをも命じており、奥羽全域への仕置権を委ねられていたと考えられる（「中尊寺文書」）。秀次は総大将的立場ではあるが、実は平泉以北へ進んだかどうか不明である。戦場である糠部郡九戸までは、直線にしても一三〇キロ以上さら

に北に進まねばならない僻遠の地である。結果的には、九戸城へは家康家臣の井伊直政《いいなおまさ》や秀次附の堀尾吉晴が取り巻いているものの、家康や秀次は栗原郡三の迫《はざま》（現宮城県栗原市）に置いた本陣にいたものと推察される（『二戸市史』二）。

栗原郡三の迫へ本陣を置く

攻撃軍には、蒲生氏郷の三万騎をはじめとして、堀尾吉晴・浅野長吉・井伊直政ら上方からの派遣部隊と、松前慶広《まつまえよしひろ》（蝦夷地）・津軽為信（北奥）、秋田実季《あきたさねすえ》・仁賀保挙誠《にかほたかのぶ》・小野寺義道《おのでらよしみち》（出羽）および南部信直たちが九戸城を包囲した。

九戸城を包囲

籠城軍には、九戸政実・実親《さねちか》、櫛引清長《くしびききよなが》・清政《きよまさ》など九戸氏一族・久慈《くじ》氏一族・七戸《しちのへ》氏一族・櫛引氏一族が迎え撃った。九月一日より攻撃が開始されたが、圧倒的な勢力差により二日には九戸城を包囲され、四日に落城した。これにより奥羽再仕置は終了し、豊臣政権による全国土の平定が完了したことを意味する（『二戸市史』一）。

九戸城落城

「悪徒人」として一五〇人余が斬られ、九戸政実・櫛引清長・久慈直治ら八人は、秀次の本陣へ送られ、栗原郡三の迫で斬首された。九戸と櫛引は妻子ともに成敗された。さらに、秀次の指示により「一揆ノ武頭二十余人」を斬り、その首を塩漬けにして京都へ送らせている（『伊達治家記録』二）。

一揆の武頭の首を京都へ送る

攻撃が開始された直後の二日には、秀次は伊達政宗へ検地を申し付けている（『伊達家文書』二）。さらに、江刺《えさし》地域において「当地の儀は破却せしむべきの旨、中納言殿（秀次）より

伊達政宗へ戦後処理を命ず

御理の旨に任せ、立木壁儀は払申候、家之儀においては、損わざる様申し付くべく候」と、石田三成《いしだみつなり》をして伊達政宗へ戦後処理を命じさせている（同前）。

同二十三日、蒲生氏郷が伊達政宗へ送った書状には「中納言様御前へ切々御出仕由尤ニ存候、此度之儀候間、随分御馳走専要ニ存候」と、政宗がたびたび秀次を本営に訪ねていることを、もっともなこととしている（『伊達家文書』二）。政宗は、検地による知行の減少のことなどを含め、政権への印象をよくしようと試みたのかもしれない。しかし、秀次とのこのときの接触は、秀次事件のとき秀吉側から嫌疑を受けることとなる。

伊達・蒲生領の郡分け

九月二十八日、秀吉は、伊達政宗領と蒲生氏郷領の郡分《こおりわけ》境目のことにつき、家康と相談のうえよく決めるよう、秀次へ命じている。調整がはかどらなかったことを窺わせる（「喜多家文書」）。

ところが、この郡分により伊達氏は「公御進代、内々ハ去年ヨリ唯今マテ御知行高ノ半分ニ成リ玉フ」ありさまで、関白（秀吉）の意向よりも過酷な宰領が、現地の秀次と家康によってなされたのである（『伊達家文書』二）。

奥羽再仕置では、総大将として二本松や三の迫に本陣を置き、全軍を指揮したこととなり、たとえ家康の補佐があったとはいえ、二十四歳の秀次が攻撃軍を指揮し、占領地域へ仕置のための定書や仕置を指示したのは、初めてのことであり最後のことであった。

秀次が奥羽仕置につき宰領していたことを窺わせる、家康が蒲生氏郷へ宛てた新出の書状を紹介したい（「日下隆平氏所蔵文書」）。

徳川家康書状

御状即令披見候、仍　御朱印之写送給候、委細令得其意候、跡之人数之儀も其様次第之由、中納言（豊臣秀次）殿被仰候間、尤ニ存由候、其許無異儀御座候由、大慶ニ候、猶々無御油断万事御心遣専一候、恐々謹言

（天正十九年）十一月八日　家康（花押）

（蒲生氏郷）会津少将殿

天正十九年と推定されるこの家康の書状は、奥羽仕置の「跡之人数」について蒲生氏次第であるとの秀次の仰せを伝えたもので、家康の輔佐があるとはいえ、民政のみならず軍政にも関与していたことが窺われるのである。

田畑の斗代

奥羽再仕置のため遠征した秀次は、陸奥国栗原郡三の迫に置いた本陣にいたと思われ、八月二十日、一柳直盛《ひとつやなぎなおもり》へ検地置目を与えた（「一柳家文書」）。田畑の斗代《とだい》（田畑一反当りの標準収穫量、石盛《こくもり》ともいう）は、上田一反一石五斗・中田一石三斗・下田一石一斗と高斗代で（同十八年十月の奥州相馬検地では上田一石、同年十二月の出羽国仙北之内北浦郡検地では上田一石二斗）、奥羽地方の検地のものと考えられなかったが、わずか一例だが陸奥国宮城《みやぎ》郡《ごおり》実沢《さねざわ》村の天正十九年九月十日附の田畑二冊の検地帳が発見されている。斗代は上田一石五斗と、一

天正十九年検地帳

柳へ与えた検地置目に準じた検地が実施されたようである。ただ、八月二十日附検地置目が出され、わずか二十日で検地結果の検地帳が作成できるものか検討を要するものである（『仙台市史』通史編三、二〇〇一年）。

八月二十九日附で一柳直盛へ宛てた書状では「其地検地已下儀不可有由断候」と検地を厳命し、九月二日には「其地検地之事、如何被申付候哉」と、場所は不明だが、奥羽仕置を終えた地域での検地遂行を気遣っているようである（「一柳家文書」）。

秀次、山形と足利学校を訪ねる

九戸氏攻略を終え、検地の実施を命じた秀次のその後一ヵ月の足取りは杳《よう》として不明で、十月十六日、徳川家康が田丸忠昌《たまるただまさ》（伊勢国度会郡《わたらいごおり》田丸城主）へ宛てた書状から白川へ戻ったことが判明する（「駿府博物館所蔵文書」）。この間、秀次はどこに居たのだろうか。伊達政宗の重臣で後に亘理《わたり》伊達氏の初代となった伊達成実《しげざね》の日記によれば、秀次は山形の最《も》上義光《がみよしあき》のもとへ立ち寄っていたとのことである。最上氏の招きによるものかどうか不明だが、この時に義光の娘に邂逅したことが、最上氏自身にとっても災いを招来したこととなる（一九六頁参照）。もちろん、この日記の記事に信を置くとしての話であるが、秀次事件後の処遇からすれば蓋然性は高い（「伊達日記」）。そして十九日には下野国宇都宮へ立ち寄り、足利学校の庠主《しょうしゅ》（学校長）三要元佶《さんようげんきつ》と会見している。

中尊寺経を高野山興山寺へ施入す

この時、足利学校の書籍を京都へ持ち帰ったことや、平泉中尊寺の「中尊寺経」を持ち出し、高野山興山寺へ施入したのも秀次と言われている（結城陸郎『足利学校の教育史的研究』第一法規出版、一九八七年、水原堯榮『高野山学志　第一篇　高野板之研究』高野村、一九三二年）。これを略奪とみるか、散逸などを防ぐために移したとみるか、評価を異にするが、戦場における古典籍などの移動の歴史は、ここに始まったわけではないが、秀次の最後からして取り沙汰される逸話のひとつとなっている。

第六　関白就任

一　関白職就任

清須へ凱旋

奥羽仕置を終えた秀次は、十月十九日には宇都宮まで戻り、ひと月後の十一月二十日には清須へ凱旋した。天正《てんしょう》十八・十九年は、それまで京に居ることが多かった秀次にとって、珍しく戦塵に身をさらした年であったといえよう。

豊臣秀長死去

ところが、天正十九年（一五九一）正月、秀次が出陣してから以降、豊臣家内部で大きな死が続いた。長らく病床についていた秀吉の弟である大和大納言秀長が、正月二十二日に薬効むなしく亡くなった。秀吉を補佐し政権を支えてきたといってもよい秀長の死去は、政権内部に軋《きし》みを生じさせずにはおかなかった。もっとも、秀長の死について興福寺多聞院《たもんいん》の英俊《えいしゅん》は、「米銭金銀充満、盛者《しょうじゃ》必衰ノ金口無疑、国之様如何可成行哉、心細事也」と、日記に記している。これは、秀長が蓄財していたことを批判するとともに先行きに不安を覚えてのことであろう（『多聞院日記』四）。

豊臣鶴松死去

ついで八月五日には、秀吉最愛の鶴松が淀城で、わずか三歳を一期に亡くなった。五十三歳のとき授かった子であっただけに、秀吉の落胆と憔悴は筆舌に尽くしがたいものがあった。もともと虚弱体質であったのか二歳のときにも煩い、天正十八年十一月十六日には、

八幡太郎殿

今度八幡太郎殿関白殿御息男二歳也不例之儀、本腹之事能々祈精可被申之旨、懇ニ被申置、殊者社家・同禰宜等早々可有上洛之、然者関白殿之儀、随分取合可申之由、判刑（形）書置懇之儀共也

と、春日社へ鶴松の病気回復のための祈禱を命じている（東京大学史料編纂所架蔵「天正十八年正預祐父自記」）。二歳の鶴松を八幡太郎と呼んでいたことが知られ、武士としての成長をいかに期待していたかが伝わってくる。

豊臣棄丸坐像

右に引用した多聞院の英俊は日記には「関白殿愁傷誠ニ目モ当レヌ式也、則髪ヲ切給了、大名・小名・御馬廻悉切」と、秀吉のみならず大勢の家臣たちが元結を切り喪に服したと書いている。現在、京都妙法院に残されている「豊臣棄丸《すてまる》坐像および玩具船」の異様な大きさをみれば、いかに秀吉の落胆が大きかったか、想像するにあまりあるものがある。

秀吉生母死去、豊臣秀勝死去

翌天正二十年七月二十二日には最愛の母（大政所）が、九月九日には朝鮮出兵に動員された養子の秀勝（秀次の弟）が唐島（巨済島《コジェド》）でそれぞれ病死した。同十八年正月十四日には、徳川家康のもとへ嫁がせた実の妹である旭姫も先立っており、両三年のあいだで秀吉は、次からつぎへと肉親を失っていった。五十代半ばを迎えた秀吉にとって、心身ともに大きな痛手であったと思われる。

特に、実の弟秀長と鶴松の死去は、秀吉が企図した天下一統構想に少なからず影響をもたらしたであろうことは疑いもないことである。自己を補佐した秀長、後継者として期待した実子の喪失は、何がなんでも補塡しなければならなかった。身内で残っているのは、秀次のみとなった。

秀吉、秀次を養子とす

勇躍凱旋した秀次のもとへ待ち受けていたのは、秀吉からの家督譲渡の話であった。秀長と鶴松の死去は、すでに秀次の耳に入っていたことは疑いもないだろうが、家督譲渡とこれから起こる官位の上昇劇については、おそらく何も承知していなかったものと思われる。

さて、第一で触れた秀吉との養子縁組がどのようになされたかである。時期的には鶴松が亡くなり、秀吉自ら東福寺へ籠もったときのことであろう。秀次へ家督を譲るというからには、当然のこととして養子縁組を前提として考えねばならない。時期は明確にはできないが、秀次が奥羽仕置から戻ってからのことと予定していたのではないだろうか。もちろん、ルイス・フロイスが指摘しているように「彼は甥に対してこのように莫大な譲渡を行ないはしたものの、自らは権限、（人々から受ける）尊敬、支配（力）、所領等において何一つ譲ることも失うこともなく、従来となんら変りなく万事において支配を続行した」と、実質的な諸権限は留保したままの家督譲渡であった（『フロイス日本史』二、二〇二頁）。

関白へ昇進

十一月二十日に清須へ戻った秀次は、すぐに上洛したものと思われ、二十八日には「権大納言」を拝任し、十二月四日には「内大臣」へ昇り、そして二十五日には一気に「関白」の勅許を得、同二十八日に関白宣下《せんげ》を済まし、人臣最高位の職を掌中のものとしたのである。この官位昇進にかかる史料は「備中足守木下家文書」に残されており、跡づけることができる。口宣《くぜん》案三通・宣旨《せんじ》八通・位記《いき》一通・詔勅《しょうちょく》二通の十四通が伝来している。

官位昇進文書

秀吉・秀次の叙位・任官文書については、すでに米田雄介氏が言及されているように、これらの関係文書の日付と『公卿補任』とでは日附にズレのあるものもあるが、「木下家文書」の日附を優先させることは言うまでもないことである。この一連の文書のなかで注目されるのは、秀吉には見られない詔勅が残されていること、豊氏長者への宣旨が

後陽成天皇詔書

残されていること、および秀次が従一位に叙任された口宣案が残されていることである。

最初に秀次を関白へ補任させた後陽成天皇の詔書を取りあげてみたい。

詔、朕得㆓瑤図㆒、希㆓四海之淳朴㆒、身在㆓庸瑣㆒
愧㆓万乗之至尊㆒猶思㆓羽翼之功㆒、重仮㆓股
肱之力㆒、内大臣豊臣朝臣、威㆑名得㆑誉、忠
孝中規、益工㆓聡利之才㆒、早著㆓輔佐之徳㆒
夫万機巨細、百官揔已、皆先関白、然後
奏下、一如㆓旧典㆒、庶燿㆓博陸之徽号㆒、宜㆑致㆓要
道之政猷㆒、普告㆓遐邇㆒、俾㆑知㆓朕意㆒、主者施行
天正十九年十二月「廿八」（御画日）日

後陽成天皇詔書（写真）は、料紙や書式ともに問題はなく、日附の「廿八」は御画日《かくじつ》と呼ばれる天皇の直書によるもので、秀次を関白に補任させたものであり、随身兵仗《ずいじんへいじょう》を賜う勅書とセットで伝来したものである。

氏長者宣旨

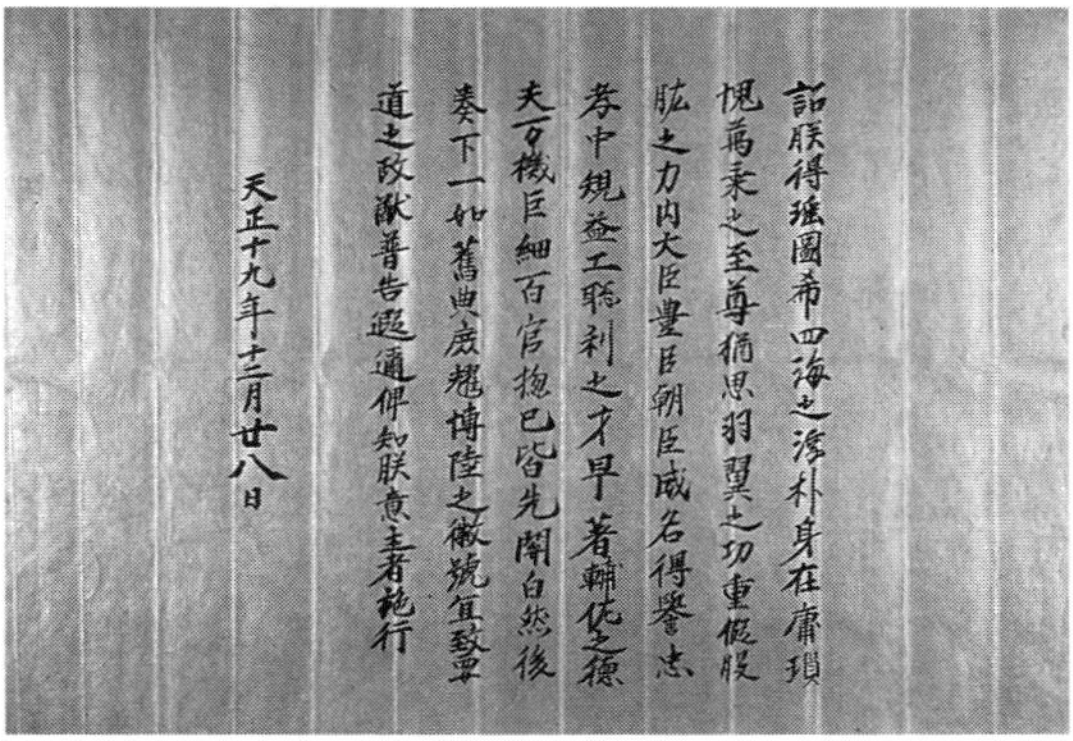
詔朕得瑤圖希四海之淳朴身在庸瑣
愧萬乘之至尊猶思羽翼之功重仮股
肱之力内大臣豊臣朝臣威名得譽忠
孝中規益工聡利之才早著輔佐之德
夫万機巨細百官揔已皆先関白然後
奏下一如舊典庶耀博陸之徽號宜致要
道之政猷普告遐邇俾知朕意主者施行
天正十九年十二月廿八日

後陽成天皇詔書（個人蔵）

つぎの氏長者《うじのちょうじゃ》宣旨は、摂政・関白職が藤原《ふじわらの》

良房《よしふさ》・基経《もとつね》が補任されて以来、明治維新を迎えるまで藤原氏が独占してきたことは周知のとおりであり、秀吉ですら近衛前久《このえさきひさ》の猶子となって叶えられたものである。氏長者宣旨が藤原氏以外に出された唯一の事例であるとともに、豊臣秀次が豊氏長者になったことを確認することができるものである。

　　権大納言藤原朝臣光宣
　宣奉　勅関白内大臣
　宜為豊氏長者
　者
　　天正十九年十二月廿八日掃部頭兼造酒正大外記助教中原朝臣師廉奉

位記への疑問

最後に、天正二十年五月十七日、正二位の秀次を従一位に叙したという口宣案については、『公卿補任』などでは確認されない。ただ、秀次が左大臣へ昇った口宣案の日附、天正二十年正月二十九日は、二十六日に後陽成天皇の聚楽行幸があった直後であり、五月六日には秀次が参内したことと、従一位昇進に何らかの関係があるかも知れないが、問題を残すものである。ことに位記については、料紙や書式および秀吉へのものと秀次宛のものとでは同筆蹟であるとし、米田雄介氏は疑問を呈している（「豊臣秀吉および秀次の叙位・任官文書」)。

秀次左大臣を望む

しかし、秀次の関白職拝任まで、手続き上、必ずしも順調にいったわけではなさそうである。近衛信輔《このえのぶすけ》(のち信尹《のぶただ》)の「豊臣秀次任内大臣次第」によれば、大納言任官は「卒然ニ被成下」と、突然のことで大納言より関白を目論んだようであるが、先例のないことゆえ「丞相《じょうしょう》」(大臣)を持ちかけられ、とりあえず内大臣に任官したらしい。秀次は左大臣を懇望したため、信輔に恨まれている。叔父秀吉の後ろ盾があったればこその任官であった(『三藐院記』)。

関白任官の経費

ところで、秀次関白任官にかかる経費がわかっている。「関白　宣下陣議御下行方之事」として料足三〇二貫文と砂金七枚(七〇両)を計上している。これは陣儀での経費であって、実際は数倍もの経費を必要としたものと推察される(宮内庁書陵部架蔵「豊臣秀次公関白宣下一会」)。

関白職の世襲

中納言秀次は、ひと月のあいだに、秀吉が体現していた関白職をみずから望むことなく譲られたのである。秀吉はみずから天下人として関白職を体現していたが、秀次にはその度量も器量もないままで関白職を継職したこととなり、ここに秀吉の理解しえない無理があった。しかしながら、豊臣氏による関白職の世襲を実現したのである。

秀吉、秀次へ覚書を与え身を慎ませる

秀吉を取り巻く人材の決定的不足は、不安ながらも秀次を必要とせざるをえなかったのである。十二月二十日、秀次へ与えた秀吉の覚書五ヵ条を読むにつけ、叔父秀吉の苦衷のほどが推し量られる。長文だが秀吉の心情を知るためにもつぎに掲げてみよう（「本願寺文書」、四条目は「南部晋氏所蔵文書」で補った）。

覚

一、くに〳〵（国々）せいひつ（静謐）たりといふ（言）とも、ふへん（武篇）かたゆたん（油断）なく、ふく（武具）以下又ハひやうらう（兵粮）たしなミ（嗜）、秀吉おきめ（置目）のことく、しゆつちん（出陣）是有にをいてハ、ひやうらうをいた（出）し、なかちん（長陣）の心かけあるへき事

一、はつと（法度）方かたく（堅）申つけへし、しせん（自然）すこしもあひそむく（背）物これ有におゐて者、ゐこひいき（依怙贔屓）なくきうめい（糺明）をとけ（遂）、おとゝい（弟兄）又ハ身をわけ候物たりとも、せいはい（成敗）申つけへき事

内裏方懇ろにすること

一、たいり（内裏）方ねん比（懇）にいたし、御ほうこう（奉公）申へく候

付たり、ほうこう（奉公）人たれ〳〵（誰々）によらす、用にもたつ（立）へき物者ねん比（懇ろ）にいたすへし、又誰にてもあいはて（相果）候ハヽ、跡をたて申へく候、たゝし（但）十より内の子ハミやうたい（名代）をいた（出）させ申へく候、しせん（自然）子是なくハ、おとゝいにつかせ申へし、

一、め（女）このかんにん（堪忍）申つけへき事

一、じんぎ（神祇）れいちしん（礼知信）、これをかゝ（欠）さすあひたしなミ（相嗜）可申事

茶の湯・鷹野・女狂いに過ぎることを戒める

一、ちやのゆ《（茶湯）》・たかの《（鷹野）》ゝたか《（鷹）》・めくるひ《（女狂）》にすき《（過）》候事、秀よしまねこれあるましき事
た《（但）》ゝしちやのゆハなくさみ《（慰）》にて候条、さい〱《（再々）》ちやのゆをいたし、人をよひ候事ハくるしから《（苦）》す候、又たかハとりたか・うつらたか《（鶉鷹）》あい《（相）》〱にしかるへく候、つかひ《（使）》おんな《（女）》の事屋しき《（敷）》の内にをき《（置）》、五人成とも十人なりともくるしから《（苦）》す候、そとにてみたれ《（猥）》かはしく女くるひ・たかのゝたか・ちやのゆにて秀吉ことくにいたらぬ物のかたへ一切まかり出候儀、むよう《（無用）》たるへき事

已上

天正拾九年十二月廿日　秀吉　御朱印

内大臣《（豊臣秀次）》殿

関白職を譲渡する相手に出すものとは思えないような内容のものである。第一条は国内支配についての心がけ、第二条は法度の遵守、第三条では内裏への奉公、第四条は神祇礼知信の嗜み、第五条では茶の湯・鷹野・女狂いなど粋狂の戒めとなっている。とりわけ第五条は、秀吉自身の性癖をあげて、真似ないよう戒めていることから、秀次自身にもこれらの遊びに没頭する嗜好性をもっていたことは十二分に推察される。第一条は、直前に迫っている朝鮮出兵を前提とした国内支配への心がけを求めたものだが、後事を託すにしてはあまりにも心もとない感じを受けるものである。

関白職に就き、天下一統をなしとげ、いま戦力を国外へ向けようとするさなか、秀吉自身を顧みるとき、齢五十五に達したものの実子と実弟を失い、血肉を分けた跡継ぎを持たない現実から、秀吉に残された選択肢は、秀次しかいなかったのである。

軍事・知行宛行権は秀吉が握る

もっとも、当然のことながら軍事指揮権と領地宛行権は秀吉のもとに留保され、また、秀次家臣団も、秀吉から附けられた与力大名を除外すると決して独立した政権を維持できるようなものではなかったことを考えると、秀次関白政権を過大に評価する必要はないようにも思われる。事実、宣教師ルイス・フロイスは書翰のなかで「かくてその位を退きて、その名とその収入とは之をその甥に与えけれども、その実質に於ては旧と異るところなかりしなり、かくしてその隠退の日を定めたる後、日本の諸侯に令してその甥に服従の儀をなすべき為に来伺せしめたり」と、関白職委譲が表面的なことであったことを見抜いていた（木下杢太郎訳『ルイス・フロイス日本書翰』）。

二　廷臣秀次の日々

廷臣の日々

本人が望んだか、叔父の言いなりのままであったかはともかくも、いったん関白宣下を受けたからには、秀吉後継者の立場としての秀次が作り出されるのである。正二位関白豊臣秀次の廷臣としての日々をみてみよう。

元旦に参内

関白秀次晴の舞台はすぐにやってきた。天正二十年（この年十二月八日に文禄《ぶんろく》と改元される）歳旦の儀式である。左少弁《さしょうべん》勧修寺《かじゅうじ》光豊《みつとよ》は、つぎのように記録している（「光豊公記」四）。

四方拝、奉行光豊　御裾付御簾頼宣《（葉室）》朝臣、御釵実条《（三条西）》朝臣、草鞋経遠《（甘露寺）》、脂燭雅継《（飛鳥井）》朝臣・元仲《（五辻）》朝臣・基継《（園）》朝臣、為将《（下冷泉）》・為親《（上冷泉）》・実政《（阿野）》、極﨟、以上七人也

関白秀次公参内、進上御太刀・折帋・白鳥三ツ也、大和侍従《（豊臣秀保）》・金吾《（小早川秀俊）》関白御供也、殿上人衆子吉《（豊臣秀勝）》・池田三左衛門《（照政）》御供也、大和侍従・金吾殿上人歟、是も太刀・折帋ニテ御礼申、清涼殿ニテ御対面也、三献参、御シヤウハン《（相伴）》衆菊亭《（晴季）》殿・大和侍従・金吾此分也、主上御ハイセン《（陪膳）》公仲《（正親町三条）》卿、御手ナカ《（長）》光豊、関白御ハイセン飛鳥井《（雅枝）》中将・菊亭殿

（後略）

元旦に豊臣秀保《とよとみひでやす》・小早川秀俊《こばやかわひでとし》（のち秀秋）を供にして参内したのである。光豊は供の両名を殿上人かと疑っているが、どうしようもないことであった。のち、秀次失脚のとき、越後へ流される右大臣菊亭晴季《きくていはれすえ》は、豊臣氏協力者の筆頭の公家で、娘を正妻として秀次へ嫁がせているが（二一四頁）、秀次参内に際しては何かと面倒をみている。もっとも、この年の元日節会《せちえ》はなく、秀次にとっては年頭の挨拶に参内するだけに終わったようである。

豊臣氏を助けた右大臣菊亭晴季

正月二十六日には、後陽成天皇の聚楽行幸があり、秀次に最初におとずれた試練であった。秀次は主上の御裾をもち、紫宸殿へ出御、それより鳳輦へ乗車するまで従わなければならず、なかば俄《にわ》か関白の秀次にとって息がつまりそうなことであったろうと推察される。この夜の御歌会に、秀次の名前がみえないのはこの辺の事情を物語っているようにも思われる（「兼見卿記」十八）。

参　内

三月二十六日、名護屋へ向け出陣する秀吉は秀次に対し「毎月参　内申され候へ之由申をかれ候」と命じた。廷臣として毎月の参内を命じたのである（独立行政法人内閣文庫架蔵「日々記」）。しかし、実行されたのは、天正二十年では五月六日と七月一日の三回のみであった。

五月六日には、八条宮智仁《はちじょうのみやとしひと》親王・伏見宮邦房《ふしみのみやくにふさ》親王・九条兼孝《くじょうかねたか》・一条内基《いちじょううちもと》・二条《にじょう》昭実《あきざね》・鷹司信房《たかつかさのぶふさ》ら親王・摂家も参内し、秀次は天酌（天皇から酒杯をいただくこと）を受け、さらに院御所《いんのごしょ》（正親町《おおぎまち》院）でも受けている。このとき秀次は白鳥三つ・越後布二五反を献上している。院御所でも同様につとめているが、もちろん、指南役として菊亭が世話をしているが、「だいりかたねん比にいたし、御ほうこう申へく候」との秀吉の戒めを守るしかなかったとはいえ、気詰まりな奉公であったものと思われる（「光豊公記」四）。

この年は七月一日と九月十八日にも参内している。九月の参内は、母親の葬儀のため遠路肥前名護屋から帰洛していた秀吉と一緒であったが、服喪中であるにもかかわらず参内できたのは、秀吉の力のなせるものであったのであろう。このほか六月二十三日には、仙洞御所での御祈修を聴聞している（『鹿苑日録』三、『華頂要略』）。

秀次、聚楽第へ西笑承兌等を招く

秀次の参内とは別に、摂家・門跡・清華衆などを聚楽第へ招き饗応することもあったが、秀次の行動をみると、聚楽第に相国寺の西笑承兌《せいしょうじょうたい》などを呼び閑話するのが一番の楽しみであったようにも見受けられる。

叔父秀吉との確執

ところが、文禄二年には四月一日に初めて参内と一回きりで、同三年には正月二十六日、同四年には元旦と、廷臣としての奉公からはほど遠いような状態となっている。理由については、体調の問題以上に叔父秀吉との確執・お拾《ひろい》の誕生など、秀次を取り巻く状況の変化が大きく影響している。西笑承兌の頻繁な聚楽第詣では、秀次からの要請と思われ、秀次の今日で言うトラウマを聞く役にまわっていたものと思われる。

もともと関白職に定まった職務があるわけでもなく、定期的に参内しなければならぬこともなかったのだろうが、禁裏内の手練手管に富んだ年上の公卿たちを相手にする矢面に立たされれば、何人といえ気が滅入ってしまうだろう。秀吉のように天下人としての実力を背景にすれば禁裏内でも鷹揚に振る舞うことができるだろうが、武士としての実績も少なく、叔父秀吉に担ぎ出されただけの、しかも年若の秀次にはあまりにも重すぎる荷であっただろう。

しかしながら、秀次が関白在職中、避けられないと思われる大きなできごとがすぐにやってきた。最初は文禄改元で、つぎは正親町《おおぎまち》院の死去であった。

御代始の改元

天正二十年十二月八日、御代《みよ》《おだい》始《はじめ》《はじめ》の改元が行われた。権中納言東坊城盛長《ひがしぼうじょうもりなが》より文禄と勘申《かんしん》され、仗儀《じょうぎ》が右大臣菊亭晴季、職事《しきじ》蔵人《くろうど》左中弁中御門《なかみかど》資胤《すけたね》のもとで開かれ、列座した前関白九条兼孝・前関白一条内基・前関白二条昭実・左大将鷹司信房、そして当関白豊臣秀次らからそれぞれ難陳（意見や批判）した。秀次の難陳はつぎのようなものであった（東京大学史料編纂所架蔵「改元勅答部類」）。

関白秀次公

年号可レ被レ用二何字一哉事、先賢之難レ答定而吉凶共相交候事乎、偏非二短才之所一レ覃、且被レ任二群儀一、且宜レ在二聖断一矣

改元仗儀

改元仗儀（陣儀）にかかわったものの、文字どおり「偏《ひとえ》に短才の覃《およ》ぶところにあら」ざるところであったと思われる。このような場では自ら短才と控えめに答えるのが嗜みであったのかもしれないが、秀次にとっては、否、秀吉であっても太刀打ちのできるところではなかろう。摂家が答えているのは当然と言えば当然なのだが、新関白家豊臣氏にとって入る余地のない世界でのできごとであった。このような場では、才智もさるこ

となから古来よりそれぞれの家職として伝承蓄積してきた先例などを生かせるかどうかが鍵であろう。二条昭実の「文禄可被採用歟」の難陳どおり、文禄と改元された。

文禄改元

つぎに、文禄二（一五九三）年正月五日、前年末より煩っていた正親町《おおぎまち》院が七十七歳で亡くなった。正親町院の葬儀などについて触れたい。

院御所崩御

正親町院の死去から泉涌寺への埋葬までは、少しく謎めいたものがあるものの、今まで言及されたものはほとんどない。左少弁勧修寺光豊によれば、四日「院御所へ大納言之番代ニ参、甲庚（庚申）ニより各祗候也、院之御煩一段吉、にハかに暁ニ御タンヲコルナリ、各夜半時分ニ罷出也」と、暁時分に痰が詰まった状態となった（「光豊公記」）。五日「院御所五つ時分ニ　各摂家・清花其外各御見舞祗候也」と、光豊は書いていないが、吉《よし》田兼見《だかねみ》は「今朝辰刻　院御所崩御」と正親町院が急逝したことを伝えている（天理本「兼見卿記」一）。

院の柩を盗む

六日には「暁、院御所泉涌寺ヲンミツニテ御出」と院の梓宮《しきゅう》（柩）が隠密裡に泉涌寺へ運ばれたことを伝えている（「光豊公記」）。参議《さんぎ》西洞院時慶《にしのとういんときよし》は、

院ヲハ盗出シ奉リ、泉湧（涌）寺へ成シマイラセ候、乍御忍ト申北面サヘ不付奉、公卿雲客ノ事ハ不及申、誰ノ計トハ知ネトモ、太上天皇（正親町）御在世ノ御時世ノ御覚コトナリシニ、今朝ノ御幸彼寺僧一両人供奉申、金物モナキ俄ノ張□（輿）ニ乗せ奉リシ事御痛敷サ、

又ハ計申セシ人ノ行衛ヲソロシ〳〵

と、誰かの策謀により密かに正親町院の亡骸が泉涌寺へ運び込まれたことを記しているが、具体的なことは不明である（『時慶記』一）。

秀次へ堂上諸礼

院の死去にもかかわらず、六日当日には、「殿下へ当（堂）上諸礼参賀、今日御礼ノ義不似相様トイヘトモ、民部卿法印（前田玄以）名護屋へ□下向ナラ（ハ）□各参上事無調法ナルヘシトノ義ニ依テ也」と、秀次への諸礼が聚楽第で行われた（『時慶記』一）。前田玄以《まえだげんい》がまだ下向していないので、秀次への諸礼が行われたというのである。前日、院が亡くなっているにもかかわらず、廷臣たちの関白秀次への諸礼参賀は異例である。また何故、正親町院の梓宮（柩）を密かに泉涌寺へ移さねばならなかったのか。このようなことを命じることができる人間は、秀吉は名護屋在陣中、秀次は病中の状況では、自ずと限られていようが大きな謎である。

秀吉、前田玄以へ名護屋下向を命ず

前年末、名護屋在陣中の秀吉は、前田玄以へ対し「正月五日すき候はゞ、十日より内に其方をたち候てこし（越）可申候」と、名護屋への下向を命じた（青木昆陽「昆陽漫録」『日本随筆大成』Ⅰ期）。十二月二十九日、吉田兼見は日記につぎのように書き留めている。

正月五日、民法（前田玄以）名護屋へ下向、此次伝奏三人令同道可有下向之由、被相定也、然者三節会難相調之間、節分不可有之由仰云々、仍自関白（豊臣秀次）不可然之由申入了、然間両三

三節会と伝奏の名護屋下向

人正月廿日比まで下向延引相定訖、民法慥被申領承了

秀吉の下向命令を受けた前田玄以は、伝奏三人（菊亭晴季・中山親綱《なかやまちかつな》・勧修寺晴豊）を伴って下向するつもりであったところ、それでは禁中の三節会《せちえ》（元日節会・白馬《あおうまの》節会・踏歌《とうか》節会）ができなくなり、関白秀次より「然るべからざるの由申入」（それではよくないと）があった。そこで伝奏の下向は正月二十日ころに変更となり、玄以も諒承したというのである（天理本「兼見卿記」一）。

秀次、秀吉の意向を覆す

名護屋下向の日程が決まったさなか、院が五日に亡くなったのである。「院ヲハ盗出シ奉」る挙に出たのは、太閤秀吉の命を優先させねばならなかったゆえの非常の措置ではなかったか。それにもまして、玄以と伝奏の下向にストップを掛けた秀次の措置は、大仰にいえば政権の決定事項（秀吉の命）を覆したことになる。関白秀次の職権が太閤を抑えることができることを明らかにしたことになるだろう。とはいえ、十二月九日以来、所労気《げ》であった秀次の容態は年頭になっても快癒しなかったのは、右の行為に由来するストレスであった可能性は高いだろう。

正月六日には衣冠を着けないで堂上たちと対面している。二月二十三日、正親町院の葬儀にも出ていないようである。三月二十九日、中陰法事に際しても秀次は、名代として池田照政（輝政）を参拝させているのみである（東京大学史料編纂所架蔵「正親町院御中陰御法

事記」)。

諒闇中の狩猟

にもかかわらず、諒闇中、喪に服していなければならぬ身でありながら、二月十七日には八瀬《やせ》大原へ狩猟に出かけ、後世あしざまに喧伝されることの原因を作っている（『鹿苑日録』三)。

凡下の望む職にあらず

秀次の抜擢をだれもが好意的にみていたわけではなく、なかでも摂家筆頭の近衛信輔は、不快に思っていたようだ。秀吉が関白職に就いたとき、信輔は「関白タル事、従昭宣公（藤原基経）于今至マテ凡下ノ望ム職ニアラス」とまで秀吉を揶揄しているのである（『三藐院記』)。平安時代以来、五摂家が独占してきた関白職を秀吉ごとき者が望むべき筋合いのものではないといっている。もちろん、口外できるはずもないことであっただけに、信輔の心中にくすぶる不満は、今回の秀次への官位昇進劇へも向けられたのである。近衛信輔は、天正十八年正月から始まる奥羽仕置の経緯から同十九年十二月、秀次の内大臣就任にいたる経過を書き残している。同十三年五月、二条昭実との関白相論で鳶に油揚げをさらわれるごとく、武家の、しかも出自さえあやふやな羽柴秀吉に奪われただけに、関白職が豊臣氏に継職されることは、五摂家筆頭の近衛氏にとって我慢のできないことであったのだろう。

若輩無智の秀次

公家社会のつき合い方や作法など何も知らない秀次の内大臣拝賀の後見を命じられた

信輔は「若輩無智の秀次卿を後見す」と、歯に衣着せぬ書き方である。秀次二十四歳、信輔二十七歳、朝廷や公家社会がおかれていた現状がわかるだけに、何ともならない現実に本心を書き残したものと思われるのである。

秀吉、近衛信輔を薩摩へ流罪とする

すでに橋本政宣氏が触れられているが、秀吉のときは「凡下ノ望ム職ニアラス」の文言が抹消されているが、秀次に対してはそのままである。公家の日記は書き写されることから、信輔自身が危険を回避したものと思われるが、同年配の秀次に対してはよほど我慢ならなかったのであろう。三年後の文禄三年（一五九四）四月、近衛信輔が名護屋へ下向するなど常軌を逸した行動をとったことに対し、秀吉は薩摩への流罪を決めたが、その折、伝奏衆へ申し入れた七ヵ条の覚書から秀吉の関白職への考え方が如実に示されている（『増補駒井日記』一七一頁）。

関白職は天下の儀を切り従えるべきもの

信輔の平生からの所業を「平人同前」と決めつけたうえで、関白職を五人衆（五摂家）で独占することはおかしいことで、関白職とは「天下之儀きりしたかゆへき為のよし聞及」んでいるとし、国の一ヵ国も切り従えることもできない五人にかわり自分がとって代わったのだと豪語したのである。

令外の官

近衛前久が秀吉の関白就任に対し「関白ノ濫觴《らんしょう》ハ一天下ヲアツカリ申ヲ云也」と述べたことを、一気に拡大解釈して「天下之儀きりしたかゆへき」ものとしたのである

（『三藐院記』）。令外《りようげ》の官である関白職に秀吉の独善的解釈を附与したのであり、このことはとりもなおさず秀次へも求められるべきものであった。

三　学文の奨励

秀次が文事に関心を寄せたことは早くから指摘されていることだが、そのきっかけについては明らかではない。三好康長《みよしやすなが》へ養子として入ったときに薫陶を受けたとする理解もあるが、確定的なことではない（小和田哲男『豊臣秀次』）。いったい、秀次が古典の蒐集と書写をこころざしたのは、いつごろからのことであろうか。奥羽仕置に際し、古典籍を京都へ運ばせており、早くから関心をもっていたことは否定できないだろう。やはり、天正十五年の中納言任官、公卿の仲間入りを果たしたのち、堂上《とうしよう》衆や五山の禅僧たちとの接触が大きな契機となったことは否めない。

秀次、吉田兼見から廿一代集を借りる

同年三月十日、秀次は京都の吉田兼見へ使者として益庵を遣わし「廿一代集」の借用を依頼している。秀次が文芸などに関心が高かったことの事例として引かれる話である（「兼見卿記」十二）。

書物の御用

年次未詳ながら五月晦日附、建部伝内賢文《かたぶん》が宗野六右衛門へ宛てた書状には「自秀次様被召候て、昨夕罷上候、書物之御用と相聞候、十日斗之可為逗留之由候」と、秀次の求めに応じ上洛している（「保阪潤治氏所蔵文書」四）。建部は近江六角佐々木氏に仕えていたが、主君承禎《じょうてい》が没落した後、みずからも近江国神崎郡建部《たけべ》郷（現東近江市）に逼塞していた。書を青蓮院尊鎮《しょうれんいんそんちん》法親王に学んだ能書家で、嫡子伝内昌興《まさおき》は江戸幕府の右筆《ゆうひつ》として仕えた。伝内賢文は、天正十八年（一五九〇）九月二十一日亡くなったが、「十五年（天正）豊太閤のもとめによりて聚楽亭の額を書し、又豊臣秀次に源氏物語一部を奉写してまいらす」とあり、右の書状はこのことを指している可能性がある（『新訂寛政重修諸家譜』七）。

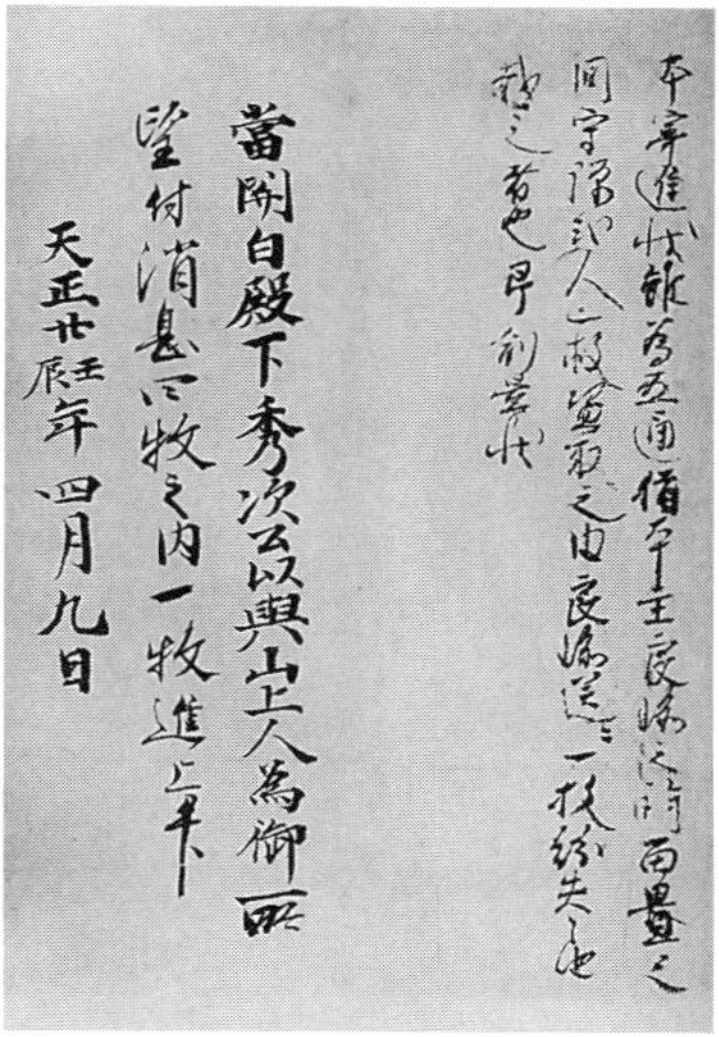

風　信　帖（東寺蔵）
秀次が切り取った旨の奥書がある．

「書物之御用」とあるからには、秀次の関心による古典の書写であることは言うまでもないが、その目的とするところは明確ではない。個人的な蒐集癖にとどまったのか、それとも系統的に集め、文庫的なものを企図したのか不明である。

秀次風信帖を切りとる

前章で触れたように奥羽再仕置の帰路、平泉の中尊寺から「中尊寺経」を持ち出し、高野山興山寺へ施入したこと、また足利学校へ立ち寄り学校の書籍を京都へ運ばせたことが知られている。なかんずく、京都東寺の宝物で国宝に指定されている「風信帖」の一通を切り取ったこともよく知られている。「風信帖」の奥には、つぎのような奥書が残されている。

　当関白殿下秀次公以與（興）山上人為御所
　望付、消息四枚之内一枚進上畢
　　天正廿壬辰年四月九日

時期的にみて「中尊寺経」を興山寺へ施入した見返りとして、「風信帖」を木食応其《もくじきおうご》を介して懇望したのではないかと思われる。

京都五山へ学問興隆を命ず

文禄元年（一五九二）十二月、京都五山へ宛てた仰せは、衰退していた五山の僧たちへ学問興隆を命じたものとして知られている。これは、秀吉以来の寺院統制の一環として考えることもできるが、戦国期よりの禅僧たちの怠慢、それによる漢詩文などの質的低下を承けて、学問の興隆を秀次が企図したためと思われる。

五ヵ条の仰せでは、①相国寺鹿苑院と東福寺南昌院で月次《つきなみ》の聯句并詩会をもつこと、②会席料として一会に五石宛支給すること、③学問を嗜む者へは相当の助成を出し、そのうえ出世の官銭を免除すること、④不学の僧侶の出世の官銭をもって学問僧への扶助とすること、⑤学問に達する者へは寺領の多い寺院へ移らせること、などを命じており、全体としては五山衆による学問の奨励を命じたものであった。同二十七日、相国寺の有《ゆう》節周保《せつしゅうほう》は秀次に呼ばれ「五岳文字凋落有嘆」と指摘され、復興を命じられた（『鹿苑日録』三）。

五岳の文字凋落を嘆く

秀次が五岳文字凋落のありさまを状況認識としてもっていたとするならば、ある程度の文学的素質があったと言わざるをえない。一方、寺院統制の一環として学問奨励を命じたのみとすれば、右の仰せの評価も分かれることとなろう。

しかし、信長・秀吉・家康ですら漢詩文への素養も関心もなかったことは事実であったが、秀次はこの世界へ関心を寄せることができたのである。彼の素質のひとつとして見なすことは許されるだろう（小高敏郎『近世初期文壇の研究』）。

秀次漢詩文へ関心を寄せる

秀次の仰せは、ただちに五山の僧侶たちへ伝えられ実行されていったが、権力による学問奨励策を積極的に受け入れる者と、潔しとしない者に分かれたようである。飴と鞭による学問奨励こそ本末顚倒というべきものである。

聯句会始め

文禄二年三月二十五日、聯句会始の当日、「辞退衆梅谷（梅谷元保）（語心院）・清叔（清叔寿泉）（普廣院）・景洪（景洪英岳）（南禅寺正因庵）・菊齢（菊齢元彭）（慈済院）・三章（三章令彰）（妙智院）五人也、臨江（里村紹巴）・昌叱（里村昌叱）・寿命無来駕也」と、散々の会初めとなった（『鹿苑日録』三）。里村紹《さとむらじょう》巴《は》と昌叱《しょうしつ》などは断りもなく出なかったのであろう。もっとも、有節周保のように立場上、断れなかった者もいたであろうことから、出た者を権力に迎合したと決めつけるわけにはいかないだろう。

藤原惺窩、秀次主導の聯句会を批判す

とは言い条、当時、相国寺に住んでいた宗蕣首座《そうしゆんしゆそ》（藤原惺窩《せいか》）は、秀次主導の月次聯《つきなみれん》句《く》会に対し、厳しい批判を残している。自らを唐の詩人韓愈《かんゆ》と孟郊《もうこう》に、五山の詩僧たちを「俑人《ようじん》」（死者のそばに埋める人形）に準《なぞら》え、厳しく批判している（『羅山林先生文集』巻四十）。五山僧たちの対応はともかくも、秀次自ら源氏講釈を聞いたり、「百練抄」や「本朝帝紀」などを読んだりなどしていることも事実であり、学問への関心はあったと認めてもよいだろう。

秀次、六国史などを補修させる

さらに、同年四月九日には、日本紀・続日本紀・日本後紀・三代実録など、六国史《りつこくし》をはじめとする秀次蒐集にかかる蔵書を、調査のうえ表紙や軸などを補修させている。目録には、唐書も含め二一五巻が書きあげられている。これらの蔵書のうち日本紀・続日本紀・日本後紀・三代実録など十一点が禁中へ、清獬抄《せいがいしよう》・中獬略抄《ちゆうがいりやくしよう》・日本続文粋など七点が菊亭晴季へ、日本紀・侍中群要など三点が日野輝資《ひのてるすけ》へ下賜された（『言経卿記』六）。

現在、秀次が蒐集した古典籍を確認することは難しいが、少なくとも秀次が権力と好奇心のみで蒐集したとは言い切れない、秀次の鑑識眼によって蒐集されたものも多くあったであろう、と推察される。

秀次、学問への興味を失くす

ところが、右でみた学問的営為は、四月下旬以降、山科言経《やましなときつね》の日記からは見られなくなる。公家衆や五山僧たちとの能・お茶・連歌などを通じての交流に変化していった。古典籍蒐集と注釈書の作成などの行為は続けられるが、自ら古典を読むということは言経の日記からは見られなくなる。

これは心静かに書を繙《ひもと》く環境に、異変が生じつつあったからであろう。すなわち、大坂城の淀殿が懐妊した知らせは、当然のことながら京都へもたらされたであろうし、このことが秀次の心境に幾許《いくばく》かの動揺を与えたことはまちがいないだろう。

古典の保存

一方、蒐集と書写のほかに、古典の保存にも心がけたことはつぎの史料から判明する(「金蓮寺文書」)。

眼阿《(素眼)》書物十巻、当寺校割之処、入置于質物断絶之由被及　聞召、以　御慈悲銭主江被遣候、於金子彼抄物表紙等被加修補、御朱印被相添被成御寄附訖、然者向後右之書物寺家不出之様、弥以堅可申付之旨　御諚之上者、自然於相違者可為曲事者也、仍被　仰出之条如件

文禄弐年

六月十七日

松田勝右衛門尉

政行（花押）

寿命院

立安（花押）

四条導（道）場

寺家御中

眼阿素眼の書物

四条金蓮寺《こんれんじ》の寺宝であった眼阿素眼《がんあそげん》の書物十巻が質物に預けられていたのを請け出し、修補を加えたうえで金蓮寺へ寄進したのである。眼阿は、南北朝期の時宗の僧で、能書家と知られ、「朗詠詩歌」や往来物である「新札往来」（貞治六年刊）を残した人物である。ここでは抄物といっていることから、他の書物であった可能性はあるが、古典を蒐集だけではなく、修補のうえもとの所蔵者である金蓮寺へ寄進したことが知られる。

四条道場宛朱印状

天正十九年九月十三日附の四条道場宛寺領宛行の朱印状写が、秀次のものとして伝来したのは、金蓮寺と秀次との親交による誤伝といえよう（『京都府寺誌稿』）。

ただ、同時期の寿命院が素純（名前から金蓮寺の僧と考えられる）へ宛てた書状には「秀次公別而被成御秘蔵候て、御在世間ハ出不申候」と述べ、謡本の蒐集も個人的関心によるものにすぎなかったような一面を窺わせている（「中村不能斎採集文書」八）。

四　注釈書の作成

秀次、謡本の注釈作成を命ず

文禄四年（一五九五）三月二十四日、山科言経は、徳川家康・秀忠父子を訪うたのち、聚楽第に秀次を訪ねた。その時、つぎのような仰せがあった。

謡之本百番注旁へ可仕之由有之、予ニモ有職分可注之由、直ニ被仰之、其外五山衆・哥道者、其道々相催セトノ（ママ）相国寺▨鹿苑院保長老（有節周保）へ被仰了、明後日可集会之由催也

と、謡本百番へ注をうつ作業が五山衆や哥道者へ命じられた（『言経卿記』六）。この作業に動員された者は以下のとおりである（東京大学史料編纂所架蔵「彰考館文庫　興福寺諸記録抜萃　謡抄《うたいのしょう》作者」表7参照）。

藤原惺窩のような厳しい見方をする人間もいるが、右に挙げられた人物は当時の各分野の英才を集めたと言っても過言ではあるまい。しいてあげれば、真言僧の名前が見られないのは奇異に属する。にもかかわらず、短時間にこれだけの人選ができたのは、関白秀次の名前をもってなればこそと言えるだろう。

ただちに取りかかり、四月四日には百番への付注を終えている。言経はさらに平行し

表7　文禄4年　謡抄作者

名　　前	担　当	所　　属
昭高院准后道澄	山伏道	
山科中納言言経	楽道	
吉田二(三)位兼見	神道	
飛鳥井右衛門督雅康(庸カ)	蹴鞠	
大和三位宗恕 俗名晴光	大元軍配	
小笠原民部少輔秀清	弓	
霊之(三)長老玄圃	文字	南禅寺　聴松院
承兌長老西笑		相国寺　大光明寺
周保長老有節		同　　　慈照院
寿泉長老清叔		同　　　普光院
永雄長老英甫		建仁寺　十如院
合(永)哲長老惟杏		東福寺　正統院
聖澄西堂月渓		同　　　松月軒
正覚院豪盛僧正		天台宗
九蓮社結(浩)誉		知恩院
同　　奉誉		同
泰蓮社琴誉		禅福寺
日淵		久遠院　法花宗
圓智日性		本地院
紹巴法眼	歌道	
昌叱法眼	同	

出典　東京大学史料編纂所架蔵「彰考館文庫　興福寺諸記録抜萃　謡抄作者」

表8　文禄4年　謡之本百番の注釈作業

月　日	数量	番　　組
3月26日	11	高砂　うのは　ミわ　忠のり　西行桜　楊貴妃　うき舟　関寺小町　江口　さねもり　源氏供養
3月27日	13	老松　はせを　うねめ　せいくわんし　たえま　ありとをし　清経　松風　朝長　ひかき　ふし大こ　ゆや　ろう大古
3月28日	13	かすか龍神　ミもすそ　花かたミ　大会　やか(た)てかも　せつしやう石　遊行柳　かんたん　山うは　立田　三井寺　二人しつか　はころも
3月29日	12	きんさつ　うとう　田村　かしハさき　せうくん　そとハ小町　やうらう　かよひ小町　のきはの梅　八しま　しねんこし　かね平
3月30日	16	うとう　天こ　はうしやう川　のゝミや　白楽天　もり久　玉かつら　夕かほ　杜若　しゆんくわん　ちやうりやう　井つゝ　をしほ　くれは　をミなへし　角田川
4月1日	10	頼政　こかう　はん女　あこき　をはすて　うかひ　もみちかり　とをる　とうかんこし　くらま天く
4月2日	10	松むし　藤戸　くわうてい　舟弁慶　かなは　かつらき　石橋　道明寺　朝かほ　ぬえ
4月3日	10	三せう　なには　大原御幸　せかい　しけひら　あたか　舟はし　あま　たうしやうし　あふひの上
4月4日	5	道(通)もり　くろつか　にしきゝ　ていか　百万
合計	100	

出典　『言経卿記』6

て有職方・楽方を執筆するなど、秀次の古典籍蒐集や注釈作業に動員されている（表8参照）。

清書本の書き誤り

五月九日、清書のうえ差し出された謡本百番の注に書き誤りがあることを烏丸光宣《からすまるみつのぶ》などに指摘された秀次は、再度清書を命じた。十二日、「殿下謡之本注清書出来之間、持セ遣」したものの、二十日に相国寺の有節周保を訪ねたところ、五山衆が集まっていて清書本のうち「ツキ様悪敷所分予分書改」ると、折角清書したものの装幀《そうてい》に不具合があったようで言経分担分を書き直している。ところがこの日以降、言経の日記から、謡本百番を含めたびたび書いていた古典書写の話が途絶えてしまう。

六月三日には「くわんはくとのより御申入候うたいのちうのせいしよの事、からす丸大なこん、ひの大なこん、ひろはしへおほせいたさる丶」とあり、先に五山衆らが清書したものに誤りがあることを指摘した烏丸光宣らに、改めて謡本注の清書が命じられた（『お湯殿の上の日記』八）。

清叔寿泉・有節周保勘当を受ける

同二十九日、「昨夜殿下へ泉長老（清叔寿泉）・保長老（有節周保）等被参、此御勘当也、珍重之由申了、次謡之本注改直儀又□□書落書之」とあり、相国寺普広院の清叔寿泉《せいしゆくじゆせん》と同慈照院の有節周保両名が、謡の注のことについて勘当を受けていたところ、昨夜許されたことが知られる（『言経卿記』六）。

保長老らの勘当が許された記事が現れることは、両名が責任を負わされていたのではないかと推察され、言経もまた、清書から外されたのであろう。書き直しは、烏丸光宣・日野輝資・広橋兼勝《ひろはしかねかつ》の両三名からの指摘であったという点が興味を抱かせる。五山衆にとって恥辱ではなかったか。ただ、学僧であり高僧の有節周保らを秀次が罰したとすれば、秀吉との関係に微妙な翳りを落さずにはいられないものがある。

清書本の書き直し

にもかかわらず、これは秀次が独自に行った畢生の事業にあたるものであったといえよう。未完の事業に終わったとはいえ、この事業をつうじ、秀次は堂上衆・桑門《そうもん》衆などを動員できることを確認したものと思われる。

古筆鑑定

最後に、右にみた古典蒐集などと関連することとして、古筆鑑定を家職とした古筆《こひつ》了《りょう》佐《さ》との関係について触れておきたい。

天保七年（一八三六）孟春刊の「和漢書画古筆鑒定家系譜並印章」によれば、古筆家開祖了佐につき、つぎのように説明されている（森繁夫『古筆鑑定と極印』一九四三年）。

源姓江州西川人、平沢氏、初名弥四郎、即薙髪号櫟材了佐、学和哥於烏丸光広卿、従近衛龍山公古筆目利伝授、逐為古筆鑒定家、秀次公賜琴山之印、代々極印用之、寛文二年正月廿八日卒、九十一

琴山の印

元亀三年（一五七二）に近江で生まれ、平沢弥四郎といい、薙髪《ちはつ》後櫟材《れきざい》了佐と号した。和

歌を烏丸光広から、古筆の目利きを近衛前久（龍山）から伝授され、秀次から「琴山」の印を拝領したとのことである。

秀次は極印の祖

近世、古筆鑑定にともなう極《きわめ》印の創始者的立場として秀次は位置づけられている。もちろん、彼自身に古筆目利きの眼があったのかどうか不明である。関心を寄せていたことは確かなようであるが、それと鑑識眼とは別個のものであり、近衛龍山より手ほどきを指南された程度のものではなかったか。

しかしながら、江戸時代、秀次と関わった武士たちが、彼との関係に口をつぐんだことを考えるとき、古筆鑑定の世界では近世をつうじて、秀次が与えた「琴山」の極印が使われていたことは興味ある事実といえよう。極印は、古筆鑑定に対する権威の源泉ともいえるものであり、それが秀次であったことを、諒解のうえで用いられていたのか、忘れ去られていたとみるのか、秀次の人となりを探っていくうえで重要な鍵となりそうである。

五　五山への介入

京都五山

第三節で見た五山衆への学問の奨励は、関白秀次が行なった政策のひとつとして突拍子な観はぬぐえず、伏線として五山とのあいだで何らかの経緯があったように思われるのである。ここでは、秀次の京都五山（天竜寺・相国寺・建仁寺・東福寺・万寿寺）および大徳寺・南禅寺などへの干渉について見ていきたい。

公帖文言改変

まず、公帖《こうじょう》（禅宗寺院のうち五山十刹などの寺院の住持任命の辞令）の文言の改変がある。文禄元年（一五九二）四月十二日、秀次より相国寺の有節周保へ公帖を調えることが命じられ、案を作成して前田玄以へ差しだし、玄以より秀次へ渡された。深更になって周保が読みあげたところ、秀次より「任先例可被執務」の被について疑問が呈されたというのである。周保は先例どおりだと返答したようだが、そのままには済まなかったのである。

僧録司

室町時代、公帖の作成は、鹿苑僧録《ろくおんそうろく》の蔭凉職《いんりょうしき》（僧尼の登録や住持の任免などを扱う僧録司は、相国寺内の鹿苑院主が担当し、蔭凉軒留守居役の僧が蔭凉職として輔佐した）が候補者を書きあげた書立《かきたて》を作成し将軍に披露し、将軍は爪点《つめてん》を加え、これを蔭凉職より僧録へもどした。僧録はこれを幕府奉行人に移し、奉行人が公帖本文を清書し蔭凉職へもどし、蔭凉職が将軍の加判を承けて公帖は成立した。

豊臣政権では、室町幕府発給公帖の文言はそのまま踏襲し、関白（花押）と署名し発給していた。ところが、秀次は「先例にまかせ執務せらるべし」とあるところを、「先例にまかせ執務せしむべし」と改変を迫ったのである。前者では「執務してください」

のような叮嚀な言い方だが、後者では「執務せよ」との命令調になったのである。

翌十三日、前田玄以より呼ばれた周保は、早々に駆けつけ相談することになった。玄以が言うには、太閤のときも旧来どおりであり、今さら改変するのはいかがなものかと指摘され、周保もそれに応じて引きさがった。その後の経緯について周保は記していないが、結果はつぎのように秀次の意向が貫かれたのである（『鹿苑日録』三）。参考として足利義稙《あしかがよしたね》・義昭《よしあき》・秀吉および徳川家康の公帖を一緒に掲げる（傍線筆者、『相国寺蔵　西笑和尚文案』二〇〇七年）。

①南禅寺住持職事、任先例可被執務之状如件
　永正九年二月十四日　権大納言（足利義稙）（花押）
　自悦（守懌）和尚西堂

②相国寺住持職事、任先例可被執務之状如件
　天正四年二月三日　権大納言（足利義昭）（花押）
　周泉（月臨）西堂

③相国寺住持職事、任先例可被執務之状如件
　天正十五年二月十四日　関白（豊臣秀吉）（花押）
　周保（有節）西堂

④南禅寺住持職事、任先例可令執務之状如件
　天正二十年四月十五日　関白（豊臣秀次）（花押）
　　有節（周保）和尚

⑤真如堂住持職事、任先例可被執務之状如件
　慶長十年三月十一日　従一位（徳川家康）（花押）
　　承艮（文嶺）西堂

①は南禅寺の守懌《しゅえき》自悦《じえつ》へ宛てた足利義稙公帖、②は相国寺の月臨《げつりん》周泉《しゅうせん》へ宛てた足利義昭公帖、③は相国寺の有節周保へ宛てた豊臣秀吉公帖、④は有節周保へ宛てた秀次公帖、⑤は真如堂の文嶺《ぶんれい》承艮《じょうこん》へ宛てた徳川家康公帖である。唯一、秀次公帖だけ文言が違っているのである。

秀次、公帖文言の改変を命ず

公帖は室町幕府の歴代将軍発給にかかる伝統的なもので文言は完全に決まっていたが、秀次は「可被執務」受身の助動詞にあたる被を用いることの是非を有節周保に正し、周保は玄以と相談のうえで旧来どおりにするようにとの考えを示したが、結果は秀次の思うとおりとなった。徳川家康およびその後の徳川将軍は元に復していることから秀次の文言改変は尋常なことではなかったように思われる。

有節周保宛公帖案では「可被執務」となっているが、正文では「可令執務」と変えら

れている（『相国寺蔵　西笑和尚文案』二〇〇七年）。秀次は、なぜ被を令に書き換えさせたのだろうか。「可令執務」では、やや直截的な印象をのこす。関白秀次として独自性を出したかったのかもしれないが、前年十二月に関白に就いてわずか四ヵ月も経たないうちに五山住持への公帖発給に関わって疑義を呈することは、いかにも不自然さを覚えるのである。関白就任までにも禅僧たちとの接触はあったが、五山内部事情を掌握するほどの接触を持っていたようには思われないのである。

しかし、この公帖文言の改変は、今まで触れられることはほとんどなく、秀吉不在中で、秀吉すら関知しなかった領域への秀次独自の踏み込みということで意味をもつことは確実であろう（『鹿苑院公文集』解題）。

京五山の位次

つぎに、引き起こされた問題は、京五山の位次をめぐる秀次による裁定である。ことは文禄元年七月二十二日、大政所（秀吉の母親）が亡くなり、その葬儀での五山衆の位次が発端のようである。

東福寺南昌院の虎巌玄隆《ごがんげんりゅう》（秀次に侍し、秀次切腹のときともに切腹）は、七月二十七日、有節周保へ宛てた書状のなかで、「聚楽第で秀次へ南禅寺と五山の位次（特に大徳寺が南禅寺の上に坐りたいとの申し分）について申しあげたところ、居合わせた妙心寺の南化玄興《なんかげんこう》の取りなしで大徳寺が南禅寺の上であることは不届きであると秀次へ申しあげられたので、関白様は大徳寺は不届きだと仰せいだされた。しかし、大徳寺はそれでは同心するはずもなく揉めるのではないかとの懸念を示し、あなたより前田玄以へ相談して欲しい」と、周保に書状を送っている（『相国寺蔵　西笑和尚文案』）。

御判始

問題は、南禅寺と五山というよりも、五山から出た大徳寺との位次の問題であり、大政所の葬儀をまえに難問を背負い込むこととなったのである。南禅寺と大徳寺および京五山の位次をめぐっては今に始まった問題ではなく、根の深いものがあり、真の解決策は政権による統制以外ありえない様相を呈していたのである。

これに先立つ四月十二日、秀次は「御判始」として有節周保へ紫衣《しえ》着用を認め、さらに五月三日、周保は再三固辞したものの公帖を拝領したうえでは固辞しがたく紫衣着用に応じている。秀次が周保に紫衣の着用を認めたこと自体、一線を超えた行為のように思われるが、周保は秀次との関係を慮ってか、受け入れざるをえなかったようである。

天竜寺は紫衣衆の上ではない

結果として、南禅寺・大徳寺位次問題は、周保を窓口にするかたちで交渉が進められていったのである。南禅寺は、皇居であり勅願所であることから五山の上に位置するが、五山にあっては天竜寺が第一である。しかし、天竜寺は薄紫の規模（きまり）であるため、紫衣衆の上であってはならない。したがって、位次は南禅寺を第一として、その次に大徳寺の紫衣衆をおき、ついで天竜寺ということに決まった（『鹿苑日録』三）。

大徳寺は主聖并び殿下の命に背く

それでもなお屈しない大徳寺に対し、葬儀の前夜、玄以は大徳寺の役僧三人を呼び、

聖命云、関白公厳意云、可南禅之下云々、雖然寺中不同心、甚以背主聖并殿下之命、所詮有如此、則雖為沙門、大徳寺長老衆二三人択（張）長本人可誅、不然者剝紫衣者決定矣、玄以高声怒曰、三人役僧兎角貴意次第云々

と、語気を荒らげ、大徳寺の申し分をはねつけたのである（傍線筆者、桜井景雄『続南禅寺史』四三七頁、一九七七年）。玄以は秀次との相談のみならず禁裏へ行っており、そのことが「聖命云」ということに繋がったようだが、大徳寺にとって聖命（後陽成天皇）と切りだされれば片言隻語のいとますらなかったであろう。

この位次をめぐる係争には、親豊臣の公卿で、娘を秀次のもとへ嫁がせた右大臣菊亭晴季と玄以が関わっている。秀次は菊亭からのアドバイスを受けながら調停をすすめ、その結果を玄以へ命じたようである。

秀次、大徳寺を屈服させる

秀次にとっては、叔父の母親天瑞院の葬儀を奇貨として、京都五山の位次をめぐる係争に対し大徳寺を屈服させることにより、五山の秩序化＝序列化に成功したということができよう。ただ、周保は「累年此儀雖不決定、此節交会、五岳之大幸無大焉、旧規亦復矣、珍々重々」と喜んでいるが、あくまでも大政所の葬儀に間に合うよう急ぎたかっただけのことである（『鹿苑日録』三）。

秀次が主体的に取り組んだ仕事

公帖文言の改変にせよ、五山の位次の問題にせよ、そして第三節でみた文禄元年十二月の五山へ対する学問奨励の仰せは、いずれも秀吉不在中に秀次が主体性をもって取り組んだ案件であったということであり、関白秀次が関白らしい仕事をした、ということは許されるだろう。

第七　太閤と関白

一　朝鮮出兵

征明表明

国内平定を終えた秀吉の矛先は明《みん》へ向かうが、これは天正《てんしょう》十五年（一五八七）の九州征服以降、対馬の宗氏をして朝鮮へ服属交渉していたが朝鮮が拒否したため、まず朝鮮半島へ渡海させるべくその準備を命じた。なぜ秀吉は海外へ目を転じるようになったのか。

初めて征明を表明したのは天正十三年九月三日に一柳末安《ひとつやなぎすえやす》に与えた朱印状のなかで「秀吉日本国ハ不及申、唐国迄被仰付候心ニ候」と日本国内平定後は隣国まで平定するつもりであることを表明している（東京大学史料編纂所架蔵「一柳家文書」）。九州平定後の同十五年五月二十九日、大坂にいる北政所へ宛てた消息に高麗へ日本の内裏へ出仕しなければ成敗すると申し遣わし、さらには唐国まで手に入れると認《したた》めている（「妙満寺所蔵文書」）。九州平定は、秀吉に海の彼方の世界を否応なく意識させたのであろう。南蛮諸国とは貿易を通して通交を維持し、琉球・朝鮮・明・高山（台湾）・呂宋《ルソン》・インドへは日本への朝貢と服属を求める方針を固め、手はじめとして同十六年には島津氏を介して琉球の中《ちゅう》山《ざん》王へ服属を求める書状を送っている（『武家事記』）。

人掃令

天正十九年八月、秀吉は海外派兵の兵站を支える武家奉公人の確保をめざしたいわゆる「人掃令《ひとはらいれい》」（身分法令とも呼ぶ）三ヵ条を出し、渡海用の船作事を命じ、十月に入ると肥前国松浦郡《まつらごおり》の名護屋に前線基地となる城と城下の普請を命じた。遠くに壱岐を望む半島の突端に位置する丘陵部に突如として大城下町が造られ、やがてここへ北は蝦夷地の蠣崎《かきざき》氏から南の島津氏まで全国の大小名が蝟集することになるのである。

秀次朱印掟書

この秀吉畢生の大事業である海外出兵に対し、京にのこり禁裏守衛ならびに国内支配を預かったと思われる秀次も動員体制のなかに組み込まれていった。天正二十年正月、秀次は五ヵ条の掟書（前年八月、秀吉が出した「人掃令」を承けたもの）を出している。この秀次朱印掟書は、浅野幸長《あさのよしなが》・増田長盛《ましたながもり》・仙石秀久《せんごくひさひで》・毛利輝元《もうりてるもと》・池田照政《いけだてるまさ》・松下重綱《まつしたしげつな》など秀吉直臣や豊臣系大名、秀次附大名などへ宛てられたものが伝来している。浅野幸長へ宛てたものを取りあげてみたい（大日本古文書『浅野家文書』）。

内容は侍・中間《ちゅうげん》・小者《こもの》など陣夫役として動員するためで、欠落《かけおち》（逃亡）の禁止（第一条）、人足飯米の支給（第二条）、遠国より召し連れる者への軍役免除（第三条）、御陣へ召し連れる百姓の田畑は郷中として耕作すること（第四条）、御陣へ召し連れる若党を小者に取り替えることなど（第五条）、渡海する兵力をささえる後方支援としての夫役徴収について厳命したのである。この掟書は従来、人掃令と関係して議論されてきたものであり、「唐入《からいり》」のための武家奉公人の確保のために出されたものであったことはよく知られている。海外出兵のための奉公人確保が困難な状況であったことが窺われる。

聚楽＝秀次政権

この掟書は、関白秀次が諸大名へ発給した初めてのものだが、なぜ秀次が発給したのか。関白職だから発給可能だったというような性格ではない。この秀次朱印状を、関白職の権能に由来するものとの理解もみられる。とくに、秀次が大坂より名護屋への物資の廻漕を命じた朱印状は、個別所領支配を超えたなかで機能したようにも考えられ、関白ゆえに発給できたように理解してきたが、はたしてそうなのか再検討が必要である。たんに秀吉と秀次のあいだで仕事を分担しただけのように考えられる。

「聚楽＝秀次政権」のなかで太閤と関白を論じられた三鬼清一郎氏の所論は、当該期の国制を論じる大きな議論であり、ここで検討する余裕はないが、「関白のもつ国郡制的支配原理」により秀次の発給した朱印状は、個別領主権の次元を超えた統治権的性格をもつものとの理解を示され、一九七〇年代以降の豊臣政権論に大きな足跡と影響を残された（『豊臣政権の法と朝鮮出兵』青史出版、二〇一二年）。

関白の権限

三鬼氏は関白権力を律令制の統治支配原理に由来するものとして秀次の諸権限を分析

当関白様

されたが、最近、金子拓氏が言及したように「人掃令」（全国の家数と人数の調査）を秀次が出したとする理解は、再検討の必要性が生じてきたようにも思われる。「人掃令」の具体的事例のひとつとして挙げられ、三鬼氏が天正二十年の誤記とされた天正十九年三月六日附、毛利氏家臣連署状は、すなおに天正十九年と読むべきではなかろうか。第一条目の「従当　関白様六十六ケ国へ人掃之儀被仰出候事」とあるのは、小田原北条氏を降し、奥羽仕置を終えたものの、きたるべき海外出兵に備えて武家の奉公人の確保が緊要の課題であったためであろう。もし、「人掃令」が秀次が出したと考えた場合、朝鮮半島へ渡海が始まっているころに出したこととなり実態にそぐわないのではないだろうか。秀次は、ただ秀吉が出した「人掃令」を再令しただけのものではなかったか。かかる法令は、封建的知行体系の頂点にいる秀吉だからこそ発給しえたものと考える方が合理的である（金子拓「人掃令をよみなおす」）。

瓢箪の指物

さて、天正二十年三月二十六日、後陽成天皇をはじめ公卿や門跡たちの見物のもと秀吉は肥前名護屋へ向け出陣する。このとき、関白秀次は秀吉から「瓢箪之指物《さしもの》」を譲られた（『鹿苑日録』三）。これは秀次へ後事を託したようにも思われるが、実のところ政権の運営は名護屋へは行かなかった徳川家康と前田利家が預かり、京都の民政についても前田玄以《まえだげんい》がおり、また秀次に附けられた田中吉政《たなかよしまさ》・山内一豊《やまうちかずとよ》・池田照政などが留守をまもる体制がしかれていたため、秀次の役割は限定的なものであったと考えてよかろう。

三国国割計画

三月初旬より順次渡海を始めた日本軍は、朝鮮半島を破竹の勢いで進撃し、五月三日には第一軍の宗義智《そうよしとし》・小西行長《こにしゆきなが》（九州勢を中心に編成した一万八七〇〇人）らと第二軍の加藤清正《かとうきよまさ》・鍋島直茂《なべしまなおしげ》・相良長毎《さがらながつね》（二万二八〇〇人）らが漢城府を陥落させた。同十六日、戦勝の報をうけた秀吉は、朝鮮国王を捕らえることを命じるとともに、同十八日かつて「三国国割計画」とも呼ばれた全二十五ヵ条にも及ぶ覚書を秀次へ与えた（尊経閣文庫所蔵「古文書纂」三四）。

後陽成天皇を北京へ遷す

そこには、秀次へ対し来年二月ころの出陣の用意を命じ、「大明国」を征服すれば明の関白職につけること、そのため三万の軍勢を召し連れることなど、秀次にとってはまさに青天の霹靂、寝耳に水とも思われることが書き連ねられていた。秀次の身上のことはともかくも、後陽成天皇を北京へ遷し、関白には秀次をつけ、日本の帝位には皇太子良仁《ながひと》親王か八条宮智仁《としひと》親王をつけ、高麗（朝鮮）は羽柴秀勝《はしばひでかつ》か宇喜多秀家《うきたひでいえ》に任せるなどの構想ができあがっており、六月七日には前田玄以より伏見宮邦房《くにふさ》親王をはじめ諸公家衆へ行幸の先例などを調べさせている（「吉田黙氏所蔵文書」）。この月、秀次は「御軍法」七ヵ条を認め出陣の用意をさせ、同時に人数備次第をも示した（表9、尊経閣文庫所蔵「古蹟文徴」七）。

秀吉が命じた三万よりも一割余多い三万四二三〇人もの用意をさせたことが判明する。御備衆は、秀吉から附けられた秀次附大名で十二名で、二万一五九四人が課せられた（六三％）。鉄炮衆・御弓衆・御馬廻衆一万二六三六人（三七％）は、すべてではないが秀次直臣に属する者たちであったと見られる。朝鮮出兵に対する東海地域の大名への軍役は一万石に三〇〇人であったことから、ほぼこの基準に沿った動員数と見ることができる（岩波文庫版『太閤記』下）。

豊臣秀勝戦病死

ところで、秀次はこの朝鮮出兵で弟秀勝を亡くしている。秀吉は、織田信長の四男お次秀勝を養子とし、秀勝は天正十年（一五八二）には丹波亀山城へ入っていたが、同十三年十二月十日病死した。このため秀吉は秀次の弟で小吉秀勝に、お次秀勝の遺領をそのまま相続させた。名前が同じであるため江戸時代より間違われてきている。お次秀勝の跡を相続した小吉秀勝は、没年齢からすると永禄《えいろく》十二年（一五六九）の生まれとなる。お次秀勝の遺領を相続する直前の十三年十月、浅井長政とお市（織田信長妹）の娘である江《ごう》を妻に迎えている（福田千鶴『江の生涯』）。

同十五年の九州攻めに参陣し、帰洛後、少将に昇り、同十六年四月の後陽成天皇聚楽第行幸のとき、秀吉が求めた起請文に丹波少将豊臣秀勝と署名している。同十七年七月、知行高の不足を申し立てたため秀吉の勘気にふれ所領を没収されたが、同年十月六日、

表9　文禄2年御人数備之次第

御　備			
	1番	3,083人	堀尾吉晴
	2番	4,688人	池田照政
	3番	1,667人	山内一豊
		370人	松下之綱
	小計	2,037人	
	4番	1,500人	田中吉政
	5番	4,600人	中村一氏
	6番	1,313人	一柳直盛
		773人	木下一元
		750人	原直頼
	小計	2,836人	
	7番	1,125人	徳永寿昌
		600人	日根野弘就
		1,125人	吉田好寛
	小計	2,850人	
	合計　21,594人		
御鉄炮衆		143人	阿閉平右衛門尉
		105人	佐野十右衛門尉
		64人	龍神覚大夫
		87人	村善右衛門尉
		54人	堤大蔵
		64人	杦山半左衛門尉
		68人	樋口助三郎
	合計　585人		
御弓之衆		161人	田子平次組
		184人	平田一郎右衛門組
		212人	平井弥二右衛門組
		168人	望月三郎右衛門組
	合計　725人		
御馬廻(左備)		364人	牧主馬組
		395人	津田四郎兵衛組
		336人	長野右近組
		314人	山田平一郎組
		789人	安孫子善十郎組
	小計	2,198人	
		225人	武藤左京亮
		188人	富田喜太郎
		132人	今枝弥八

御馬廻(左備)(続き)		132人	尼子寿千寺
	小計	677人	
		269人	雀部淡路守組
		323人	森若狭守組
	小計	592人	
		690人	御傍なミの衆
	合計　4,157人		
御馬廻(右備)		322人	白江備後守組
		331人	田中角介組
		219人	大庭三左衛門組
		548人	不破壱岐守組
		313人	須賀勝右衛門組
		324人	高野佐介組
		319人	宮部太郎兵衛組
	小計	2,376人	
		150人	大山伯耆守
		188人	藤堂玄蕃頭
		150人	武光新二郎
		57人	真田源五
	小計	545人	
		277人	渡瀬仁介組
		260人	雨森才次組
	小計	537人	
		697人	御傍なミの衆
	合計　4,155人		
御後備		375人	熊谷大膳大夫
		413人	西尾豊後守
		413人	武藤長門守
		113人	日根野五右衛門
		188人	西堀助九郎
		225人	久世又兵衛尉
		120人	浅野大炊助
		150人	丹羽勘介
		225人	生田右京亮
		244人	瀬田内匠助
		150人	津田清次
		210人	山口少雲
		188人	前野兵庫助
	合計　3,014人		
総　計	34,230人		

越前国敦賀城五万石を与えられ敦賀少将と称した（「部類文書」一）。同十八年、小田原の陣後、甲斐一国が与えられたが、のち岐阜へ移り岐阜少将と呼ばれた。同二十年六月七日、参議に昇進したが（『公卿補任』三）、月のうちに朝鮮へ渡海し、九月九日、巨済島《コジェド》で病死した。嗣子なく断絶した。享年二十四（『多聞院日記』四）。

二　お拾誕生

淀殿懐妊

太閤秀吉と関白秀次両者の関係は、文禄《ぶんろく》二年（一五九三）春ころまでは大きな波風たたずの状況であったとみてよい。秀次自身も秀吉の留主をまもっており、秀吉から指弾されるような振る舞いはなかったようだ。

淀殿懐妊は前年十月から十二月のあいだで、しかも秀吉に同行した名護屋でのことであったことが明らかにされている（福田千鶴『淀殿』ミネルヴァ書房、二〇〇七年）。文禄二年三月中旬に名護屋より大坂の北政所へ宛てた秀吉消息では、前田利家の娘で秀吉の養女とした豪姫を宇喜多秀家に嫁がせており（南の方と改名）、「ひせん（備前）の五（豪姫）もしなをかへ候て、まんそく（満足）のよしうけ給候、をとこ（男）にて候ハヽ、くわんはく（関白）をもたせ可申ニ」と、この南の方を自分の秘蔵の子と賞め、男なら関白に就けたいとまで称賛していることを考える

二丸殿身持ち

と、この段階ではまだ淀殿の懐妊は、秀吉の耳には入っていなかったのではないかと思われる（東京大学史料編纂所架蔵「賜蘆文庫文書」七）。

ついで五月二十二日、名護屋より北政所へ宛てた消息には「にのまるとの《（二丸〈淀殿〉）》　みもちの《〈身持〉》よしうけ給候」とあるが、実際に身ごもったのは少し以前のことで、淀殿はそのため大坂へ戻ったと考えられる。右の三月中旬に宛てた消息から間もないうちに、淀殿の懐妊

豊臣秀頼像（養源院蔵）

が判明したとみて相違なかろう。身ごもった淀殿が大坂へ戻ったことは、当然のことながら京都へも伝わっただろう（東京大学史料編纂所架蔵「米沢元健氏所蔵文書」）。

秀吉、北政所へ本音を吐露

ところで、右の三月中旬附、消息のなかの秀吉の言葉こそ、気のおけない糟糠《そうこう》の妻だけにふと洩らした秀次に対するため息にも似た偽らざる本音だったのだろう。

淀殿懐妊の報が聚楽第へもたらした衝撃は、まったく想像するよりほかはないのだが、秀次の身辺には穏やかならざる陰翳をおとしたとみてまちがいはなかろう。後継者として秀次よりほかに該当者がいなかったからだけの抜擢である。まして、秀吉は豪姫（南の方、宇喜多秀家室）が男であれば関白にしたいとまで思っていたところへ、淀殿の懐妊の知らせは男児が生まれるか女児が生まれるかを超えた、すでに老境の域に入った秀吉にとって何にもまさる朗報であった。秀次は、これから生じるであろう叔父との確執と、今後の己自身の身の処し方との葛藤に思いをめぐらさざるにはおかなかったであろう。

秀次に姫君・若公誕生

これより前、秀次には正月に姫君（お亀）が、四月一日には若公がそれぞれ誕生している。妾腹の子とあるのみで母親の実名は不明である。しかも、六月六日に若公は亡くなっている（『言経卿記』五、天理本「兼見卿記」二）。わが子の生死とは裏腹に、大坂の淀殿の月が満ちてくる知らせは逐次もたらされたであろう。針の筵に座した思いではなかったか。八月一日、「殿下御気色甚だ以て疾《やまい》」とみられており、翌々三日の大坂城での若公誕生の知らせは、無縁ではなかろう。名護屋の秀吉を欣喜雀躍させたであろうことは言うまでもなく、秀吉は早々に大坂へ舞い戻ることになった。

秀次不例

秀次の心中を忖度《そんたく》することは無理ながら、八月十日ころの「殿下御不例」はいくばくかの影響が現れはじめたとみてもよかろう（『時慶記』二）。そんな秀次の心中を知ってか知らでか、同二十五日、大坂へ帰った秀吉は、九月四日には伏見へのぼり最初の攻勢にでたのである。

日本分轄案

「殿下御出也、御仕合是非に及ばざる事と云々、先ず日本国を五ツに破《わ》り、四分参らるべしと云々、種々御異見……殿下明日伊豆国アタミノ湯へ御養生ノ為ニ渡御也」と、伏見城へ秀次を呼び寄せ、日本国の分割案を示したうえで、異見をしたというものである。「日本国を五ツに破り、四分参らる」の具体的な地域は示されていないが、少なくとも生まれてきた我が子と秀次との間で日本を分割（秀次四分）しようと提案したのであろう（『言経卿記』五）。

秀次、熱海湯治のため京を発つ

翌日、秀次は熱海湯治のため京都を発ち、熱海へ向かった。十月十一日、秀次が帰洛するまでの二ヵ月（この年は閏九月がある）のあいだ、秀吉は旺盛な活力で次から次へと布石を打っていった。

狩猟・弓遊び・野遊び・鵜飼

急遽、秀次の熱海湯治が実行された理由はどこにあったのだろうか。医師曲直瀬玄朔《まなせげんさく》の「医学天正記」に拠れば「気積《（癪）》上気により、伊豆の熱海に御湯治、初め六七日は相当、而して食進《めしまい》り御気快然、頻に浴過多に因て気逆上して胸塞ぐ、痰喘息麁《あら》く偃臥《えんが》あたわず」と診断している。湯あたりによる症状は別として「気積上気」（胸や腹に急におこる激痛とのぼせ）が原因であったが、わざわざ熱海へ足を伸ばさなければならない症状とは思われない。身近な有馬で充分ではなかったか。このことの穿鑿《せんさく》は措《お》くにしても「気積上気」の原因は、秀頼誕生による精神的ストレスとみて大過あるまい。

前年十二月中旬より体調のすぐれなかった秀次は、年が改まって以降、しばしば奇態な行動や振る舞いが見られるようになっていた。正月五日、正親町院の崩御後、廷臣として喪に服すべき身であったにもかかわらず、逸脱したような行動に出はじめた。正月十六日には、聚楽第へ参上した山科言経へ夕食に生鶴を無理矢理食べさせ、二月十七日には八瀬大原へ狩猟に出かけ、同二十九日にも北野で弓遊び、三月十七日には野遊び、同二十五日から鷹山（鷹野）、四月には嵯峨大堰川へ雨のなか鵜飼、また賀茂へ「しゝかり」などと、殺生を前提としたような遊び（行動）に出ているのである（『言経卿記』五・「賀茂別雷神社文書」・「竜安寺文書」など）。

秀吉、有馬湯治

この間の秀吉の行動を見てみよう。九月四日に伏見城で秀次にあった翌五日は大津へ下り、七日に伏見へ戻り、しばらく滞在したのち、十八日に大坂へ戻った。二十七日には有馬湯治へ出かけ、翌閏九月七日に大坂へ戻った。ついで、同二十日に伏見へのぼり、同二十七日には伏見より上洛した秀吉は、大仏辺りで諸家の出迎えをうけ上洛し、十月三日、参内した。同五・六・十一日の三日間能があり、同十五日には太閤へ諸家御礼があった。翌十六・十七の両日、所司代前田玄以の屋敷で秀吉は能を舞い、十七日には京中へ見物を許している。京都での存在観を示すがごとき行動を残している。同十九日までのあいだ京都に腰を据え、同二十七日伏見へ戻ったのである。つまり、閏九月七日、大坂を離れてから十一月十一日に大坂へ戻るまで二ヵ月ものあいだ、愛児の顔を見ることも忘れるかのごとく、京や伏見に居つづけたのである。秀次の熱海湯治による京都不在を埋めるかのように、太閤秀吉が在京した理由はどこにあるのだろうか（天理本「兼見卿記」など）。

御拾と姫君との婚約

十月一日には「御ひろい様と姫君様御ひとつにならせられ候ハん由、被　仰出由　関白様被成　還御次第、其通羽筑州（前田利家）夫婦ヲ以、可被　仰出由也」と、生後三ヵ月のお拾と秀次娘との婚約を決めたのである。姫君は特定できないが、若政所の児とすれば正月に生まれたお亀か、前年生まれた八百姫が該当するように思われる（『増補駒井日記』）。秀次不在にもかかわらず、国士の分割と我が子と秀次娘との婚約を決めたことは、秀吉にとって何とか秀次との関係を埋めようとしたものとして諒解されるものである。

秀吉、秀次との関係調節に奔走

秀次が熱海湯治から帰ってから一ヵ月後の十一月十一日、大坂へ戻った秀吉は、十八日までには伏見へのぼり、この日、尾張・三河へ向け下向の途についた。この尾張下向の目的については次節で述べるとして、八月に名護屋より戻ってからの秀吉は、精力的に秀次との関係調節にむけて動き回っていることが注目されるのである。

三　尾張国再検地

文禄二年（一五九三）十一月、前節で触れたように秀吉は、突如尾張・三河へと下向したが、その理由は十一月二十八日附で出された条目で諒解されるものである（「辻氏所蔵文書」）。

条々

一、尾張国中、在々すいひ（衰微）せしめ、田畠荒候体、被及御覧、上様御生国にて候条、別而不便思食、郡々へ御奉行被遣候条、何にても迷惑仕儀有之者、具可申上候事

一、在々所々あきやしき有之、子細可申上候事

一、田畠あれ地の事、給人仕様悪候哉、又百姓無之ゆへに候哉、又おとな百姓、才判悪候哉、何も有様ニ可申上候事

一、侍・地下人・百姓ニ至るまても、家持候者、其在所をあけ、他国へ奉公ニ罷出

上様御生国

おとな百姓

様子書付可申上候事

国中夫役

一、国中夫役、三ケ年御免被成候事

軍役

一、三ケ年間、諸給人手前おも上様被成御代官、百姓めいわく不仕様ニ被仰付、給人くんやく（軍役）おも、半役に被仰付、給人も百姓も成たち候様ニ可被仰付候事

一、国中堤つき之事、上方にて如被仰付、山よせニ不限、在々家なミニ罷出、正月五日より十五日間之間ニ、つきたて可申候、然ハつゝミつきのはんまい可被下候事

礼銭・礼物

一、追々被遣候奉行衆の事、御兵粮・馬之飼被下候上ハ、於在々礼銭・礼物の事不及申、酒・さかな・ちやのこ・餅の類迄も一切不可取之、ぬか・わら・薪迄も代を可遣候、若下々ニ至る迄、非分の儀仕候者、百姓直訴可申候、於隠置ハ可被加御成敗事

百姓直訴

在々地下人

一、在々地下人、御訴訟申度儀於有之ハ、何時も此奉行を以、言上可仕事

右条々、在々入念を、百姓申聞、此御朱印うつしを仕候て可相渡候也

文禄二年十一月廿八日

尾州国中御置目

この条書は、『増補駒井日記』に拠れば「尾州国中御置目」であることがわかり、十二月二日、山中長俊《やまなかながとし》より駒井《こまい》重勝《しげかつ》のもとに届けられた。同書には、「尾州国中御置目等

覚書」とあり、要約された十ヵ条が記載されている。右の条書の第一ヵ条は記載されていないかわり、第十ヵ条として「陰陽師共在々江可被遣事」が記載されている。条書と併せて別の覚書があったことが想定される。

聚楽第の秀次のもとに第一条は、伝えられなかったのであろうか。それとも右筆《ゆうひつ》駒井重勝が意図的にこの箇条を書き留めなかったのだろうか。それとも山中が完全な写を送らなかったのか。いずれにせよ秀次には、直接「尾張国中、在々すいひせしめ」という秀吉の譴責の文言は目に触れなかったかもしれない。

苛酷な夫役と軍役

文禄二年（一五九三）十一月十八日、秀吉は尾張へ鷹野のため下向した（『時慶記』一）。秀吉が生まれ故郷である尾張の村々を見わたしたとき、眼前に広がる光景は「在々すいひせしめ、田畠荒候体《てい》」であった。秀吉の尾張下向の目的が当初より巡検的なものであったかは不明だが、お拾との関係を調整しようとしているさなかでの下向は、やはり秀次に預けた尾張でのあら探しと思われても仕方なかろう。

秀吉の認識では、田畠が荒れ百姓は在所を空けるといういわば〈百姓逃散〉にも似た光景であったのであろう。国中荒れたる様子は、あくまでも秀吉の一方的な言い分であるが反証の術はない。ただ、この場合の荒れたる様子は、自然災害などによるものではなく領主支配に基づくもの、すなわち苛斂誅求《かれんちゅうきゅう》などが予想される。そのひとつに過酷な夫役《ぶやく》と軍役が挙げられよう。今ひとつは強烈な地代徴収が想定される。

しかし、前者については、朝鮮出兵に直接参陣しない秀次にとって、過度の軍役や夫役を徴収する必要性はなかったと考えられる。想定されるのは、秀吉の条書第七条に見える「国中堤つき」への夫役徴収であろう。

国中堤の管理

近年発見された天正二十年（一五九二）六月十日附秀次朱印状では、「国中堤」について第四・九条の二ヵ条にわたり油断なき管理を申し渡している。火急の場合は、京都への注進には及ばずとまで命じていることからしても、尾張国内を走る揖斐川・木曽川・長良川などの河川管理が、秀次にとって重い負担であったであろうことが推し量られるのである。堤普請への大量動員こそ「尾張国中、在々すいひせしめ」るに至った一因であったと推察される（「竹中輝男氏所蔵文書」）。

文禄三年（一五九四）六月十七日、秀次は一柳直盛より尾張国の堤について様子を聞かされ、同二十九日には直臣の三輪宗右衛門など八名へ「尾州堤之儀、弥《いよいよ》精を可入候」と命じ、秀次の尾張支配における堤の管理維持が大きな問題であったことを明証するのである（「伊予小松一柳文書」・「三宅家文書」）。

秀吉が秀次を譴責するためと思われるかかる条書を出した真の狙いは、お拾（秀頼）誕生を承け、秀次との関係調整の延長線上の謀ではなかったかと考える。尾張の支配実務は、父親の三好吉房《みよしよしふさ》に任せ、秀次自身が尾張の支配実務からは離れていただけに言いがかりにも近い。ただ、第五で触れたように尾張国が秀次領国であり、領地宛行状が出されていれば、尾張一国領主としての非を問うこともできようが、預け地的なものであれば、その対応策も異なってくるように思われる。

秀吉の秀次の尾張一国支配への干渉

もっとも、秀吉による秀次の尾張一国支配への干渉という際だった政治的緊張の要素は示しているが、重要なことは「上様御生国」の「在々すいひせしめ」た責任は、誰も問われていないことである。本来ならば、一番その責を負うべき清洲城で留守を預かる三好吉房はもちろん、秀次附の田中吉政・徳永寿昌・吉田好寛・原長頼（この四人は尾張の「国中惣奉行」を命じられていた）はまったく何の処分も受けていない。ここに秀吉の真の目的が那辺にあったものかを窺知することが可能となる（『増補駒井日記』）。

関白就任後の秀次と秀吉との関係をいかに考えるか。ここでは、前節を敷衍《ふえん》するかたちで『増補駒井日記』に見える河口宗勝《かわぐちむねかつ》の知行替の経緯《いきさつ》を通して見ていきたい。

河口宗勝の知行替

文禄二年十二月に出された「御掟覚《ごじようおぼえ》」の第十二条に、秀吉家臣の河口宗勝の知行替についての指示がある。初め織田信雄《おだのぶかつ》に仕えていた宗勝は、信雄の失脚に伴い秀吉に仕え、尾張国中島郡《なかじまごおり》馬場村・海東郡《かいとうごおり》木田村（いずれも現稲沢市）で七七二石余を知行していた（『戦国人名辞典』）。秀吉による秀次の尾張支配への干渉の一環として、家臣河口の知行所を替えることが秀次側へ命じられたのである。この理由については委細不明である。

翌三年二月十三日、秀次より木下吉隆《きのしたよしたか》へ出された書状の副状《そえじょう》のかたちで、駒井が前田玄以へ送った書状には、少し興味を惹かせる文言が見られる（傍線筆者、『増補駒井日記』）。

一河口久助知行分之儀付而、昨日尊書之趣懸御目申候、然者何様にも　大閤様御諚次第之由、申達候へと上意ニ御座候、一昨日河口儀ニ付而御状被下候由、其御書中者被成　御直覧、御さき被成候つる間、拙者式も御書中之様子者不存候間、夜前右之通迄被　仰出候、可被成其御心得候、恐惶謹言

（文禄三年）二月十三日　　駒井（重勝）

（前田玄以）民法様

人々御中

河口の知行は太閤様御諚次第

河口の知行については、太閤様御諚次第であるとの上意（秀次）であった。一昨日、河口についての御状（秀吉）を下されたが、御直覧をなされたうえで破られてしまった。そのため拙者もその御状については承知していない。夜前右のように仰せ出されたので、お心得なさるように、というのが要旨である。

秀次、秀吉からの御状を破る

秀次は、一昨日到来した秀吉からの御状を破り捨てたうえで、「太閤様御諚次第」にせよ、と駒井に命じたのである。傍線部分は、河口の知行替が円満なものではなかった

ことを窺わせるのである。秀次が直覧をし、その場で破り捨てたとするならば、秀次にとって相当の不快なものであったことは想像に難くない。

ではいったい、何が問題となったのであろうか。同じく『増補駒井日記』正月五日条に原因のひとつと推定される記事が見られる。

一尾州井口・馬場村・木田之事、得　御意候処、馬場之内高頭拾八石余、河口久助指出者多、百性之指出者すくなき通得　御諚候処ニ、久助ニ可相尋由被　仰出、則召寄相尋候へハ、去年新開仕者共水作ニ仕り召置由

高頭の相違

河口が知行していた馬場村の高頭《たかかしら》（馬場村の村高）について、知行主と村側の指出《さしだし》に相違を生ぜしめたことが問題となったことがわかる。二月四日、河口よりの指出に拠れば、高頭一八石余は「是ハ河口久助荒すをおこし申由、百姓さし出之外有」というものであった。河口を召喚して糾明したところ、去年新開をした者たちが他用していたため村側の指出高が少ないことが判明したのである。高頭の相違については、河口よりの「御理《ことわり》之書付」が出され、駒井より前田玄以へ送られている。以後の経過は不明だが、秀次が御状を破り捨てたことを勘案すると解決はしていなかったように推察される。

関白御諚として知行替

二月二十四日、関白御諚として河口へ知行替を命じ中島郡井口村《いのくち》（現稲沢市）で九三〇石が宛行われたのである（『増補駒井日記』）。

文禄二年末よりの秀吉主導による尾張再検地のもとでの指出の相違は、不測の事態とはいえ、秀次にとって秀吉の一方的な検断と映ったことであろう。しかのみならず、問題は、秀吉と家臣河口の問題であって秀次が容喙《ようかい》すべき性格ではなかった。

太閤蔵入地

尾張国内には太閤蔵入地の所在も想定されるが、秀吉家臣に太閤蔵入地より知行が割かれることなら問題とはならないだろう。秀次が預かった尾張国内に、秀吉家臣の知行地が設定されていたところに問題は起因する。太閤蔵入地や家臣団の知行があれば、それは当然のことながら秀次の領主権を掣肘することとなるだろう。

領国支配における秀吉と秀次の確執

わずかひとつの事例ではあるが、秀次の領国支配における太閤と関白とのせめぎ合いの一断面を見ることができる。

四　吉野花見

伏見築城

文禄三年（一五九四）正月三日、秀吉は大坂城を二歳のお拾《ひろい》へ与え、自らは伏見へ移るべく新たな築城を諸大名へ命じた（東京大学史料編纂所架蔵影写本「佐々木信綱氏所蔵文書」一など）。元日、聚楽第から大坂へ遣した飛脚が前田玄以などからの書状を持ち帰り、そのなかに「関白様大坂江御下向之事、来十四五日比ニ尤ニ思召候」とあり、用件は不明だが、年

秀吉の所望により秀次能を舞う

頭の挨拶をも含めての両者会見が予定されたのである（『増補駒井日記』）。

予定は十日余遅れて正月二十八日より二月九日までの十二日間、秀次は大坂へ下向した。その間、正月二十九日には秀吉の所望により秀次が能を舞い、二月九日には秀吉の能を秀次が見物し、またお茶などの席が持たれ、表面的には和やかなひと時が持たれることとなった。

二月十六日・二十一日にも伏見城で秀吉に会している。今までにない頻度である。秀吉からの働きかけと思われるが、たんなる数寄《すき》のためではなかっただろう。それにしても大坂城へ呼び出され、お拾の誕生を祝わねばならなかった秀次の心中やいかなるものであったであろうか。後世の記録ではあるが、秀吉の心中を忖度《そんたく》したものとして一蹴しきれないものがつぎの一文である（『武徳編年集成』上巻）。

来月ヨリ伏見ニ集リ城ヲ築ベキ旨、諸大名ニ触ラル、此所以《ゆえん》ハ天下ヲ以テ幼息秀頼ニ譲ント欲シ玉ヘトモ、関白秀次謙遜ノ志曽《かつ》テナカリシユヘ、大坂城ヲ秀頼ニ附属シテ、其威ヲ顕サシメン為也

大坂での対面は十二日間にも及ぶもので、秀吉後継者やお拾のことが話題にのぼったであろうことは容易に推察できる。しかし、これは阿吽の呼吸のようなもので秀次に禅譲の意思があったか否かはともかくもとして、秀吉側にとって期待したような応答を得

吉野遠景

られなかったものと思われる。

ついで秀吉は、生母大政所が眠る高野山青巌寺への参詣に託《かこつ》け、吉野への花見をお膳立てする。二月二十五日、京都を発った秀次は、同二十七日に吉野へ登り、桜本坊で秀吉と同宿した。吉野へ向かった秀次一行の行粧《ぎょうそう》は、「上下美麗さ言慮不及云々、中間《ちゅうげん》・雑色《ぞうしき》・コシカキ（輿舁）マテ打フクミモロコシ（所腰）セス、御伴衆悉金銀ヲ鏤《ちり》ハメタリ、金ラントンス（欄緞子）薄絵縫以下唐織等著之、光リ渡ル、三千人ホトハ可在之歟」との大行列であった（『多聞院日記』四）。

同じ二十五日、大坂を発った秀吉の一行は、「秀吉公例之作り鬚に眉作らせ鐵黒《かね》なり、供奉之人々、我もと、美麗を尽し、わかやかなる出立なれば、見物群集せり」とあるように、秀吉好みの煌《きら》びやかな行粧で、秀次を上まわるものであったと思われる（岩波文庫版『太閤記』下）。

歴々の供奉

この吉野花見へは、准三宮道澄《じゅさんぐうどうちょう》をはじめとして右大臣菊亭晴季《きくていはれすえ》、権大納言中山親《なかやまちか》綱《つな》・同日野輝資《ひのてるすけ》、右衛門督高倉永孝《たかくらながたか》、左近衛権中将飛鳥井雅枝《あすかいまさえだ》、武家側からは前内大臣織田常真（信雄）、権大納言徳川家康、権中納言豊臣秀詮（秀俊）・同豊臣秀保、参議前田利家・同宇喜多秀家、侍従伊達政宗などが綺羅《きら》を飾り、供奉していた（『増補駒井日記』）。

吉水院で歌会

二十九日、秀吉仮屋形の吉水院で歌会、三月一日には能が催されている（『増補駒井日記』）。二十九日の歌会は、一般的には「吉野百首」として知られるものであるが、当日は「吉野山花見芸能、雨下可為散々歟」と、花を愛でる風趣とはほど遠いものであったようだ。公卿を従えた吉野花見は、秀次にとってまさに一期一会のものとなる。翌年七月には、京都から下ったこの道を死出の道行きとするのである（『多聞院日記』四）。

おさまれる世

当日の歌会の兼題は、花願・不散花風・瀧上花・神前花・花祝の五つで、秀吉・秀次ともに詠じている。秀次は〈花祝〉の兼題に対し「おさまれる世のかたちこそミよしの丶花にしつ屋もなさけくむこゑ」と詠じているが、自らを頂点とする豊臣氏による治世を指していたのであろうか（「高台寺文書」）。

この吉野花見はたんなる花見ではなく、秀次へ、お拾への禅譲が話題にのぼることが期待されたような政治的要素をもっていたと思われるが、もちろんそのような無粋なことはなかっただろう。しかし、誰しも秀吉から秀次へ何らかの働きかけがあるだろうと、暗黙の了解ごととして意識していたのではあるまいか。

秀吉高野山へ向う

三月二日、吉野花見を大過なく終えた秀次は、秀吉へ暇を乞うたのち、実弟豊臣秀保がいる郡山へ戻り、秀吉は当初の予定通り高野山へ向かった。

ところで、秀吉は青巌寺へ詣で母親の法要を営んだのだが、秀次はどうして先に帰ったのだろうか。秀次にとっては祖母である大政所の三回忌にあたる法要に行かなかったのはいかにも怪訝である。秀次に京都へ急ぎ帰らねばならぬ理由はなく謎の行動である。

式正御成

四月六日、吉野花見や高野山への母の墓参りを終えて大坂へ戻った秀吉は、八日には前田利家の京屋敷へ式正《しきしょう》の御成をし、これ以降年末までに、徳川家康をはじめとして有力大名の京都か伏見の屋敷へ御成をする。室町将軍に準《なぞら》えた式正御成を繰り返す秀吉の行動は、政権の実権者が秀吉であることを、京中や伏見の人々へ訴える視覚的効果は抜群なものがあったと思われる。その目的は言うまでもなかろう。

五　蒲生跡職一件

蒲生氏郷の死去

文禄四年（一五九五）二月七日、陸奥国会津黒川城主であった蒲生氏郷《がもううじさと》が死去すると、嫡子鶴千代（藤三郎秀行）に跡目が許されたのち、秀吉が、蒲生氏年寄衆たちから差し出された「会津知行目録」に不審点があると難詰し、鶴千代の相続と所領そのものが没収の危殆《きたい》に瀕する事件が生じた。

所領没収の回避

その後、この所領没収は沙汰止みとなったため、従来この点を踏まえて秀吉の裁定を覆しうる者は、当時秀次よりほかにはいないことから、関白権力が独自に機能したと指摘されてきた。事実であれば、秀次が叔父秀吉に対して見せた初めての反撃であり、最後の行為であった（朝尾直弘「豊臣政権論」）。

会津知行目録

しかしながら、この一件は、個々に点検すると、少なからぬ疑問点が生じてくる。第一点は、この「会津知行目録」の性格について何ら検証されていないことである。この「会津知行目録」は、天正十八年（一五九〇）の豊臣政権による会津地方の検地をうけて、文禄三年に実施された検地の結果と言えるものである。この時は、会津のみならず奥羽地方でも実施されているにもかかわらず、なぜ蒲生氏所領だけが知行目録を差し出さねばならなかったのであろうか。しかも、二月九日に「会津分領氏郷当知行之地」を宛行っておきながら、五月に「当知行之地」を検断する必要性はどこにあったのであろうか。いかにも不自然さを残している。

秀吉、会津知行目録に不審をいだく

第二点目は、「会津知行目録」の差し出しが五月である点に注意が必要である。五月三日、蒲生鶴千代（秀行）の後見的立場であり政権の重鎮徳川家康は、伏見を発ち江戸へ帰った。「知行目録」や秀吉の朱印状は、家康が伏見不在のときに出されているのである。在京中の毛利輝元・上杉景勝・島津義弘へ遣したにもかかわらず、家康のもとへは送らなかったのであろうか。疑問が残る。

六月三日、秀吉は蒲生氏年寄衆から差し出された「会津知行目録」に目を通したうえで、各項目に対し不審点を書き加えたうえで、これを毛利輝元へ遣した。それは、「家老輩弥私曲顕然ニ付てハ、御置目候間、日本之地被為相払候か、不然ハ可被加御成敗候……鶴千世事ハせかれニて存ましき義候条、不便ニ被思食、江刕ニをひて堪忍分弐万石通被仰付候」と、怒りを露わにし、領地を没収したうえで蒲生氏本貫の地、近江で二万石の堪忍料を与える、というものであった（『毛利家文書』三）。

蒲生鶴千世に別儀なし

この秀吉の言葉に対して、同二十一日、家康が前田利家に宛てた書状のなかで「鶴千世殿之様子無心許存候処、無別儀之由承、満足仕候」と、安堵を示している。家康の安堵は、状況が急変したことを意味し、ここから関白秀次が太閤秀吉の決定を覆した、いわば関白権能によるものとの議論が展開されたことは前述のとおりである（「加能越古文叢」四十四）。

蒲生氏領と伊達氏領

蒲生氏は、遺領を相続したとき、何故知行目録を差し出さねばならなかったのか。これらの問題を解くには、秀次と会津、秀次と蒲生氏郷との関係に遡及しなければならない。天正十八年（一五九〇）八月十一日、会津は松坂少将（蒲生氏郷）に宛行われ、秀吉は検地を秀次へ命じている（『浅野家文書』）。十月に起こった大崎・葛西一揆では、蒲生氏領と伊達氏領の問題に関与することとなった。翌年二月の九戸《くのへ》政実《まさざね》の乱では、六月二十日に秀吉は秀次・家康を総大将として鎮圧に向かわせており、陸奥国には少からざる所縁を残していた（尊経閣文庫所蔵「古文書纂」）。

浅野と石田仲悪し

一方、秀吉の奥羽平定には、浅野長政と石田三成らがともに深く関わっているが、両名は以前から「兼而御中悪候」と伝えられているように個人的な確執を募らせていた（「伊達日記」『群書類従』第二十一輯）。浅野は、九戸政実の乱では軍奉行として秀次とともに参陣している。秀次と浅野の行動、浅野と石田の不仲、確たる裏付けは困難であるが、このふたつの点がその後、浅野家にとっては重大な危機を招くのである（一六二頁参照）。豊臣政権内の吏僚たちの確執が、蒲生氏の「会津知行目録」への干渉となっていったの

上杉家御年譜の記す秀次による秀吉謀殺計画

ではないかと推察される。

ここで想起されるのが、信憑性に不安は残すもののつぎの一文である。「爰ニ五月二十五日ノ夜ニ、何者共知ス文筥ヲ持来リ、石田治部少輔処ニ捧ク、其者行方ヲシラス、石田披見スルニ其文ニ云、当秋秀吉ハ秀次ノ招ニ応シテ、聚楽ノ新亭ニ出御有ントナリ、就中北山ニテ鹿狩ノ興ヲ催ス、全ク是鹿狩ノ遊ニアラス、唯事ヲ狩猟ニ詫シ諸国ニ命シ弓・鉄炮鍛錬ノ者数万人ヲ撰フ、秀次内ニハ逆謀ヲ含ムコト必定セリ（中略）三成疾ク秀吉ニ達シテ、聚楽ニ往玉フ事止メラルヘシ、三成大ニ色ヲ変シ、即其書ヲ懐中シテ秀吉ニ献ス、秀吉此ヲ閲シテ甚驚キ大ニ憤ル」との秀次による秀吉謀殺計画の密告である（『上杉家御年譜』三　景勝公）。真偽のほどは確かめようもないことだが、密告が石田三成へもたらされたことは、政権内における彼のこれ以降の行動から留意される。もちろん、右のことが「会津知行目録」への不審に直結するわけではないだろうが、状況証拠的なものとして取りあげておきたい。

ついで問題となるのは、家康が「無別儀之由承、満足仕候」と、心緒を吐露した理由である。結果的には、蒲生鶴千代の会津没収は沙汰止みとなったが、六月三日より二十一日のあいだにいかなる急展開があったのであろうか。

秀次は、五月十六日より伏見に滞留し、六月七日に帰洛した。この間、京・伏見を往復している可能性はあるが確認できない。右の密告は、秀次伏見滞在中になされたものである。上洛以後、秀次は体調を崩し、十九日再び伏見へ下ったものの病気となり、曲直瀬正紹《まなせまさつぐ》の往診を受けている。その後、二十八日までに京都へ戻っている。秀次が伏見滞在中、秀吉とのあいだで「会津知行目録」について何らかの折衝が持たれたと考えるべきであろうか。

転封沙汰止み

蒲生氏領地召上の取りやめの沙汰が、家康を満足せしめた事由を関白秀次による権能の一つとして理解しなければならないものか、再検討しなければならない。六月三日の秀吉朱印状への五奉行連署奉書を見てみたい（『毛利家文書』三）。

羽柴会津宰相（蒲生氏郷）跡目之儀、子息鶴千世（秀行）方江無相違被　仰付候処、年寄共知行方之儀に付て、如此不相届儀書付上候条、則　大閤様彼一書ニ被加御筆御朱印持進之候、御返事可被仰上之旨候、於様子者御紙面ニ相見候、恐惶謹言

（文禄四年）六月三日

長束大蔵太輔
正家（花押）
増田右衛門尉
長盛（花押）
石田治部少輔

三成（花押）
浅野弾正少弼
長吉（花押）
民部卿法印
玄以（花押）

羽柴安芸中納言殿（毛利輝元）
人々御中

差し出された「会津知行目録」に、秀吉が「御筆」を加えた不審点につき返事をせよとのことである。秀吉の不審や怒りはそれとして、納得せしむる返事を上申さえすれば事済みになったのではないだろうか。

秀吉朱印状は、「会津知行目録」を差し出した年寄衆への擯斥《ひんせき》であり、領地没収のうえ転封の恫喝であるが、蒲生鶴千代に向けて出されたものではないことを看過してはならない。秀吉の不審や怒りを秀次が関白として覆したと考えるよりも、単純に秀吉や政権を納得せしめるような返事が差し出されたか、もしくは打開される案が出されたと考える方が状況認識としては説得的ではないだろうか。

蒲生鶴千世と家康娘の婚約

家康が「無別儀之由承満足」したのは、ふたつの理由が考えられる。第一点は、蒲生鶴千世と実子振姫との縁組みが決まっていたため、蒲生氏の所領没収という最悪の事態が回避されたことは、このうえなく満足できるものであった（『言経卿記』六）。

第二点は、「諸事亜相（徳川家康）ヨリ奥州之儀可意見之由、先日ニ被仰出之也」とあり、蒲生鶴千世への後見的立場を命じられている家康にとって、後顧の憂いを生じさせるような打開策ではなく、円満な解決が図られたからこそではなかったか、ということである。さらに、関東・奥両国の儀を任されていた家康にとって戈を交えることなく収まったことに満足の意を示したのであろう（「秋田藩採集文書」）。

浅野家の危機

万が一、秀次が秀吉の決定を否定するような行動に出た場合、当該期の政治状況を勘案すれば、決して家康を満足せしむるようなことはなかったのではないかと考えられる。

五月二十九日、秀吉は浅野長吉と幸長父子へ会津領内で若松・米沢・白川・田村・二本松・白石・津川の七城を残し、その他の城の破却を命じた（東京大学史料編纂所架蔵「富岡文書」一）。七月に入り鶴千代の会津下向に長吉は、伊達政宗とともに同道している。しかしながら、会津領をめぐっては奥羽仕置以来のしこりが、関係した者たちのなかで残っていたと思われ、浅野長吉は政権内部からの攻撃にさらされることとなった。

六月十八日、浅野長吉の嫡子幸長《よしなが》は、「御身上果」て、能登へ移されるところを前田利家の取りなしで救われた、と伝えている（『加賀藩史料』一）。浅野幸長は、秀次同様に池田信輝（恒興）の女を妻としていることから秀次事件に連座したように言われているが、このことより以前に嫌疑がかけられていたのである。石田三成や増田長盛とは関係がよくなかっただけに蒲生氏跡職一件に浅野を貶める糸口を求めたのではなかろうか（『加賀藩史料』一）。家康が前田利家に宛てた書状は、浅野身上をも含め事なきことを得たことに満足したと読みとるべきではないだろうか。

六　太閤権力と関白権力

太閤秀吉と関白秀次の関係を、両者の発給文書から見てみたい。ここでは、ひとつの案件に対し両者が発給した文書を取りあげる。

第一例は、文禄二年（一五九三）正月、蠣崎《かきざき》氏への蝦夷地交易権を認めたものである（傍線いずれも著者）。

①文禄二年正月五日　豊臣秀吉朱印状（東京大学史料編纂所架蔵「史料稿本」四四三）

於松前、従諸方来船頭商人等、対夷人・同地下人、非分儀不可申懸、並船役之事、
自前々如有来可取之、自然此旨於相背族在之者、急度可言上、速可被加御誅罰者也
文禄二

蠣崎氏

船役

諸役

正月五日　（朱印）

蠣崎志摩守（慶廣）とのへ

②文禄二年二月二十一日　豊臣秀次朱印状写（「福山秘府」巻之八『新撰北海道史』第五巻）

於松前、自諸方来船頭商人等、対夷人・同地下人、非分之儀不可申懸、並諸役事、従先規如有来可取之旨、太閤御方任朱印、弥不可異儀、若此趣相背族有之者、速可被加御成敗者也

文禄二年二月十一日

蠣崎志摩守（慶広）トノヘ

①は、蠣崎慶広《よしひろ》に対して松前にやってくる船頭や商人たちが夷人や地下人に対して非分を申し懸けることを禁止し、船役については前々どおり徴収することを認めたものである。蠣崎慶広が秀吉の朱印状を得たのは、朝鮮出兵に従って名護屋へ出陣したときのことである。「太閤より夷一国及び松前を領知し、諸国より来る所の商船慶広が下知にしたがひ、もし法にそむくものあらば、其国主に告げて誅罰すべきむねの朱印をあたへられ」たとある（『新訂寛政重修諸家譜』三）。この朱印状の解釈は、もちろん『寛政重修諸家譜』段階のもので、当時、蠣崎がこの朱印状をもって夷一国及び松前を領知することを安堵されたと理解したかは別問題である。

ただ、この秀吉朱印状は、それまで安東氏の附属大名的位置にあった蠣崎氏が、これを得ることにより自らを独立大名として確定することに成功したという意味において大きな意味を持つものであった。

このことはともかく、それから一ヵ月ほど後、今度は秀次が同内容の朱印状を蠣崎に与えたのである。ほぼ同文であるが、「諸役事」を「太閤御方任朱印」せとあるように、秀吉朱印状を追認したかたちとなっている。しかし、秀次に「加御成敗」えられるような仕置権がなかったことは言うまでもないことである。

船役徴収権と交易独占権

蠣崎氏の松前での船役徴収権と蝦夷地における夷人との交易の独占権を安堵したということを領知権に準えたものであり、秀吉が掌握するところの領知宛行権として考えることができる。したがって、秀次の朱印状は、必ずしも必要ではなかったのではないかと思われる。おそらく、蠣崎氏が名護屋より松前に戻るとき、京都へ立ち寄り発給されたものではなかろうか。

本願寺留守職

第二例は、同年十月、本願寺留守職をめぐるものである。

③文禄二年十月十三日　豊臣秀次判物（『本願寺文書』）

本願寺影堂留守職之事、親鸞聖人以来代々證文、殊先師光佐対光昭譲状依明鏡、則経叡慮訖、然間雖為三男、任寺法之旨可相続、弥勤行等不可有懈怠者也

文禄二
十月十三日　（花押）（豊臣秀次）
本願寺殿

④文禄二年十月十六日　豊臣秀吉判物（『本願寺文書』）

本願寺影堂留主職事、親鸞聖人以来代々證文、殊先師光佐譲状明鏡之次第、則殿下経　叡慮、雖為三男、任寺法旨、光昭仁被仰付儀尤候、然者勤行等弥無懈怠可相励事専一候也

文禄二
十月十六日　（花押）（豊臣秀吉）
本願寺殿

顕如譲状

③は、本願寺留守職の継職について、顕如光佐《けんにょこうさ》の譲状があり明白なことゆえ、叡慮を経て准如光昭《じゅんにょこうしょう》が本願寺の後継者たることを認めたものである。④は、ほぼ同内容であるが「殿下経　叡慮」たうえで、秀吉が追認したものである。叡慮の存在は、関白秀次を介さない限り、太閤秀吉といえども入り込むことができない領域であった。

顕如室如春尼

この判物が出される前年のことになるが、天正二十年十一月二十四日、本願寺の顕如は五十歳で遷化《せんげ》し、長男の教如光寿《きょうにょこうじゅ》が相続することとなった。ところが、顕如室の如《じょ》

春尼《しゅんに》（三条公頼の女、一五四四～九八）が秀吉に働きかけることにより教如は、十ヵ月ほどでその座を追われ、代って三男准如光昭が本願寺を継ぐこととなったのである。

准如光昭

閏九月十六日、秀吉は教如・下間頼廉《しもつまらいれん》・下間頼純《らいじゅん》などを大坂へ喚び、十一ヵ条の条書を示し、顕如の准如光昭宛の譲状があることをもとに、十年間だけの在職を許したのである（『増補駒井日記』）。これを承け翌日、教如は政権側の施薬院全宗《やくいんぜんそう》などへ書状を送り准如光昭が本願寺を相続することに同意している（『本願寺文書』）。

秀吉御前で教如は、本願寺の坊官たちとともに弟准如への留守職譲渡を強要させられたのである。同日附で准如光昭からも秀吉への披露状が出されている（『本願寺文書』）。もっとも、准如は大坂へは行っていないので、この文書自体の信憑性にいささかの疑念がないわけではない。しかし、「本願寺留守職」については、秀吉主導で進められたことが確認されるのである。

話が後先になったが「本願寺留守職」とは別当職のことで、本願寺を継職する資格をも意味していた。顕如没後、いったん継職したものの譲状などをもたないとの理由で無理矢理に弟准如へ譲渡を強いられたのである（『本願寺史』第二）。

如春尼、准如の継職を働きかける

天正十五年（一五八七）十二月六日、顕如が阿茶（のちの准如）へ本願寺留守職を譲渡したという譲状の存在自体も怪しげなもので、「叢林集」には「此一通者謀書也ト云云」の註を施しているものである(「叢林集」九『真宗史料集成』第八)。にもかかわらず、秀吉が准如継職を認めた背景には、顕如室如春尼などからの強い働きかけがあったためと思われる。しかも、教如には「当門主妻女之事」と、書きあげられるほど女性癖に問題を残していた。この点が如春尼をして教如追い落としの原因のひとつに挙げられている(谷下一夢『増補　真宗史の諸研究』)。

しかしながら、かかる問題は本願寺内部の継職争論であり、政権が関与すべき問題ではなく、まして「本願寺留守職」が叡慮を要するような問題ではなかった。如春尼にとって教如から「本願寺留守職」を取りあげ、三男准如へ継職させるには、たとえ謀書であれ、それを作成し、太閤秀吉によって安堵してもらうことこそ問題の何よりの解決法であった。政権内では、なるほど十月十三日に秀次、同十六日に秀吉となっているが、これはたんに政権内での調整にすぎない。「本願寺留守職」継職に叡慮を必要としたことは、親鸞以来本願寺の歴史には確認されないのである(谷下、前掲書)。

秀次は九月五日より熱海湯治へ出かけ、十月十一日に帰洛したばかりである。丸二カ月京都を離れていて、この間、本願寺門主に関する情報は秀次のもとにもたらされていない。帰洛後、いきなり本願寺門主相続に関わる判物を発給するには、事前の諒解があったうえで文案ができあがったものに花押を据えたと考えるよりほかはないのである。

本願寺留守職問題については、如春尼の悃願をいれ、秀吉主導でことが運ばれた。多年、各地の戦国大名のみならず、天下一統を標榜した信長の前に立ちはだかり、秀吉をも苦しめてきた本願寺門主の相続につき、顕如室如春尼から秀吉へ取りなしを求めてきたことを奇貨とし、叡慮を持ち出すことによって本願寺を完全に取り込むことに成功したと言えよう。

秀次、公家の家職再興を命ず

その際、秀吉は形式的に関白秀次を持ち出したにすぎないのである。このことは、秀吉自ら秀次へ求めた「だいりかたねん比《ごろ》にいた」すことと関わるものではなかろうか。同年二月から三月にかけ、秀次は公家の家職再興を命じているが、これはとりもなおさず豊臣政権による堂上社会への介入であり、統制であった。秀次の内裏方への奉公であると同時に役のひとつであった、と言えよう。

本願寺伝奏

同年十一月六日、長束正家・山中長俊・木下吉隆は、「本願寺天奏《（ママ）》」を権大納言勧修《かじゅう》寺《じ》晴豊《はれとも》と権中納言庭田重通《にわたしげみち》両名に決め、本願寺は諸事両名を通すこととなったことを前田玄以へ伝えている。本願寺の寺家伝奏も秀吉が決めたのである（東京大学史料編纂所架蔵影写本「本願寺文書」八）。

近衛信輔勅勘

文禄三年四月、「身持ち平人同前」で太閤とともに高麗へ渡海しようとし、肥前名護屋まで下ったことのある前左大臣近衛信輔《このえのぶすけ》（のち信尹《のぶただ》）を「狂気人」として薩摩国へ流罪とした一件は、手続き的には秀吉が武家伝奏菊亭晴季・勧修寺晴豊・中山親綱へ七ヵ条の「御一書之覚」をもって信輔の行動を指弾し、これを関白へ披露するように申し入れた。摂家当主の流罪は、秀吉といえども秀次を差し置いて命ずることはできなかったのであろう。秀次より天皇へ上奏し勅勘として決定されたのであろうが、「遠国へ流者にいたす」ことを決めたのは秀吉自身であり、秀次は秀吉の意を取り次いだにすぎない（『増補駒井日記』）。

秀次が関白として独自に行使しえた権能も、所詮太閤秀吉の補完をかねたレベルのものので、太閤権力を凌駕できるほどまでの実権行使したとは思われず、秀次権力として過度な評価は再考すべきものと考える。

ただ、国内支配のレベルでの衝突ではないが、太閤の意思が覆される事例もあった。たとえば、文禄二年か三年のものと思われるつぎの書状はその一端を物語っている（『思文閣墨跡資料目録』）。

御折帋拝見申候、仍江州矢橋浦渡、舟ともおり之事、蒙仰　大閤様任御朱印之旨申付候、然者　関白様御蔵入之由、御理之儀候間、彼浦之儀迄相除き申、海上之儀候条、百姓迷惑申事無御座儀候、将亦従先規無之由、申上通ニ候、是も其例多儀候、

以上

関白様御蔵入

何も以参可得御意候、恐惶謹言

観音寺

詮舜（花押）

二月朔日

吉田修理亮様（吉田好寛）

御報

発信者は豊臣蔵入地代官の芦浦観音寺（滋賀県草津市芦浦町）の九世詮舜《せんしゅん》で宛先は秀次附吉田好寛である。琵琶湖の舟運の特徴である「艫折《ともおり》」（琵琶湖独特の舟運慣行で、港に先に着いた舟が優先して荷物を積み込むこと）につき、太閤御朱印をもって申しつけたが、矢橋浦《やばせうら》（滋賀県草津市矢橋町）は関白様蔵入地のため免除することに了解の旨を伝えたものである。近江をはじめとする太閤蔵入地と関白蔵入地が散在したと考えられる上方では当然のこととして引き起こされる事柄であったと思われ、場合によっては太閤と関白の奉行人レベルでの係争や紛糾があったものと推察される。

芦浦観音寺

太閤蔵入地

第八　秀次事件の真相とその影響

一　弟の死

秀次事件

これまで見てきたように、文禄《ぶんろく》二年（一五九三）八月にお拾《ひろい》が誕生し、その年十一月には秀吉の秀次領国尾張への下向、再検地が行なわれるなど、秀吉と秀次の関係は緊迫しつつあったが、翌三年二月には美麗を尽くした吉野花見が行なわれるなど、表面的には両者の関係は穏やかに過ぎていった。ところが文禄四年にはいると、蒲生《がもう》継嗣問題に端を発する秀吉と秀次、両者のあいだに一段と緊張関係が展開することとなった。そして、ついに七月には、正二位関白左大臣豊臣秀次の官位を剝奪し、高野山へ逐い自害せしめる一件が引き起こされることになるのである。この一件を、一般的には秀次事件と呼んでいる。

秀次弟秀保の死去

ところで、事件に先立つ三ヵ月前、秀次の弟大和中納言秀保《ひでやす》の横死という不可解な事件が生じた。秀保は、没年齢からすると天正《てんしょう》七年（一五七九）生まれとなる。通称は辰千代あるいは辰千代丸という。天正十六年正月八日、豊臣秀長の養子となり、侍従に任ぜられた。同十八年七月、小田原攻めに参陣し、同十九年正月二十二日、秀長が病死したのち遺領を相続し、大和・紀伊・和泉を領地とし、郡山城主となり、藤堂高虎《とうどうたかとら》と桑山重晴《くわやましげはる》が年寄役として補佐した。十一月八日、従四位下参議に叙任され、同二十年正月二十九日、権中納言に昇り、大和中納言と呼ばれるようになった。この年、一万五千の兵を率い肥前名護屋城へ在城したが、自らは渡海することはなかった。

文禄二年、従三位に昇った（『公卿補任』三）。同三年二月、秀吉の吉野花見のため奔走し、三月二日には「大納言殿（豊臣秀長）ノソハムスメ（側女）」を娶った。「秋篠《あきしの》ノ沙弥《しゃみ》ノ子」であったとしている（『多聞院日記』五）。

秀保、療養のため十津川へ行く

同四年四月、病気療養のため吉野郡十津川へ赴いていたが、十日ごろより容態が急変し、同十六日に死去した。秀保には、曲直瀬正琳《まなせしょうりん》・吉田浄慶《よしだじょうけい》・竹田定加《たけだじょうか》という当代きっての医師が派遣され、手厚い看病がなされている。「去る十五日暁より少し御蟄気様、御息様あらく成り申すの由これあり、菟角《とかく》出物多くかれこれ気遣」とあり、疱瘡の末期的症状であった可能性がある（『増補駒井日記』五）。

遺体は居城の郡山ではなく京都へ送られ、二十六日に六条で諸宗へ諷経《ふぎん》（読経）が命じられた。享年十七。法名は瑞光院贈亜相花嶽妙喜という（『増補駒井日記』五）。

秀吉、秀保の葬礼を隠密に済すよう命ず

四月二十日、秀吉は秀保葬儀につき「大和中納言様の儀、聊か御愁傷なさるべからざる由、様々仰せ出さる」と、秀保の死去に対し悼む心をしめさないどころか、同二十二日には、側近の木下吉隆《きのしたよしたか》を通じつぎのように命じた（『増補駒井日記』五）。

御意として申し入れ候、秀保様御葬礼御中院（陰）、事の外先ず世上の躰如何に候、思し召す子細も御座候条、御隠密にて仰せ出さるべきの由、御朱印なさるべきと雖ども、孝蔵主両人より悉く言上すべきの由、仰せ出され候、和州衆へも堅く仰せ聞かさるべきの旨、御意に候、此らの趣、御披露に預かるべく候、恐々

（木下吉隆）木下大膳大夫

（文禄四年）四月廿二日

（駒井重勝）駒井中務少輔殿

世上の躰如何

「世上の躰、如何」に思われるので秀保の葬礼を隠密に済ますようにとの秀吉の命を秀次右筆《ゆうひつ》の駒井重勝《こまいしげかつ》に伝えたものである。秀次弟で、まして当職の中納言の葬礼を隠密に済せとは穏やかなことではない。尋常な死に方ではなかったことを暗示しているようであるとともに、秀次弟の死に対し、秀吉に何らかの存意があったように思われる。前年三月、秀保居城の郡山城を破却し居城を替えようとした動きがあったことも関係するかもしれない（『増補駒井日記』）。なお、後世の記録だが竹内命英は「中納言殿御逝去場所悪敷《あしく》御座候ニ付御跡立不申候」と、秀保の死に場所が悪かったため跡継ぎは立てられな

かったとの伝承を書き残している（岩瀬文庫所蔵「文化十三年郡山ノ記」）。

秀保は、年齢が事実とすればとも（智）の実子と考えるのは難しく、養子と考えるのが妥当であり、秀次との関係も義兄弟になる可能性がある。しかし、そのこと以上に、秀吉の姉と妹および甥っ子たちは、秀吉自身が子供に恵まれなかったこともあり、彼らの人生そのものが秀吉によって振り回されることとなったのである。

二　ことの始まり

さて、文禄四年に入って両者の関係はどうであったのだろうか。正月十二日より秀次は聚楽第から大坂へ下り、十日ほど在坂している。十八日ころ伏見より下坂した。秀吉と会ったものと思われるが、目的は明らかではない。三月八日には秀吉が聚楽第に秀次を訪ねている。四月十八日、秀次は伏見へ下向している。五月四日より伏見へたびたび下向し、二十一日には能を舞い、秀吉と北政所の御成があった。関白就任後、例のない頻度で伏見へ下向している。秀吉に呼ばれた場合もあろうし、秀次の意思で行った場合も考えられる。用件はまったく推測の域をでないが、実子秀頼《ひでより》をえた秀吉が禅譲を働きかけるためではなかったか。両者が相会して政情を話し合うことは考えられず、実子を楯に秀次へ攻勢にでたと考えても見当はずれではないように思われる（『言経卿記』六）。

秀次霍乱

六月に入ると、十四日には秀次は「御くわくらん（霍乱）心にて、けんさく（曲直瀬玄朔）御みやく（脈）にまいりて御くすりまいる」と煩っていたが、十九日には伏見へ下り、二十日には曲直瀬玄朔《まなせげんさく》も伏見へ下向している。二十八日までに聚楽第へ戻っている。病気にもかかわらず、このときに伏見へ下向した理由が大きな謎であり、秀次事件の伏線となるのではないかと推察される（『言経卿記』六）。

秀次、秀吉と不和

七月八日、「関白殿ト　大閤ト去三日ヨリ御不和也」と、山科言経《やましなときつね》は日記に認《したた》めている。三日の日に聚楽第か伏見で、両者のあいだに取り返しのつかないできごとが生じたのであろう。しかし、そのことは五日間、噂ほどのものであったのであろうが、事実はこのあいだに水面下、秀吉側で密やかに策謀は進められたのであろう。現職の関白左大臣を失脚させるには相当のエネルギーを必要としただろう。さればこそ、ことは密かにかつスピーディーに進める必要がある。当事者に疑念と抗弁の機会を与えるようではことは成就しがたい。あくまでも密やかに隠密裡に進められてこそ達成されたものと思われる。八日、秀次が伏見へ向かうころには、秀次側に否哉の応答を考えさせる暇《いとま》もないストーリーができあがっていたと考えるべきであろう。

秀次事件は突発性？

当時においてすら、この事件は突発的に引き起こされたものと思われたようである。

事件を所与の前提として書かれた記録類などにはそれなりの記述が見られるが、信憑性に問題を残す。諸大名家の記録にも、この事件の理由や経過を記したものは伝わらない。いわんや嫌疑を掛けられた秀次の声をやである。

公家・女官の日記

京の公家の日記や禁裏長橋局《ながはしのつぼね》の女官の日記などには事件の経過は伝えているが、文禄四年前後を欠くものが多いこと自体、この事件が秀次の意思を超えたところで展開したものではなかったかと勘ぐられるところである。秀次より毎月扶持米を支給されていた山科言経ですら、事件の真相に迫る風聞や噂話を記録していない。

『大かうさまくんきのうち』が記す事件の発端

さて、この事件の顛末について全容を書き留めたものとして『信長公記』の作者である太田牛一《おおたぎゅういち》が慶長《けいちょう》十年（一六〇五）ころに執筆したと考えられている『大かうさまくんきのうち』がある。秀次事件よりおよそ十年後にはなるが、織田信長に仕えたのち豊臣政権の代官として仕えて同時代を生き、事件の帰趨《きすう》をも自ら見聞きしていた可能性が高い人物の著作物であるだけに、全幅の信頼は措くとしても『太閤記』よりも信憑性は高いものと考えられる。少し長くなるが、事件の発端を太田の著述により見ておこう。

文禄四年きのとのひつし七月三日、こんど《（今度）》日ほんこく《（日本国）》すで《（既）》にあんや《（闇夜）》ニならんとほつ《（発）》するのしさい《（子細）》、てんたう《（天道）》おそろ《（恐）》しきしたひ《（次第）》也、当関白殿《（豊臣秀次）》御じやくねん《（若年）》のとき、はしばまこ《（羽柴孫）》七郎ひてつぎ《（七郎秀次）》と申候キ、こくわんばくひてよしこふ《（故関白秀吉公）》のおい《（甥）》にてましくさふらふ《（候）》ゆへ、なんの御ほうこう《奉公》も候ハねとも、廿よりうちにおハりのくに《尾張国》一ゑん《円》た《他》のさまたけ《妨》なくまいらせられ、ほしゐまゝに御ちきやう《知行》さふらいし、すてにさいせう《宰相》の御くらゐ《位》よりごん中なごん《権中納言》にじゅん《準》ぜられ、あまつさ《剰》へ廿六の御とし、てんか《天下》御よたつ《与奪》なされ、くハんばく《関白》の御くらゐをすゝめられ、ふくしやうくん《副将軍》をあつかり申され、ゑいくわ《栄華》ゑいよう《栄耀》にほこ《誇》り、びちよ《美女》百よ人あつめをかせられ、御ちようあひ《寵愛》なゝめならす

日本を闇夜にする出来事

と、七月三日に太閤秀吉と関白秀次とのあいだで日本国を闇夜とするようなできごとが起こったと記しているが、具体的なことについては何ら触れていない。山科言経と変わるところはない。太田が著述するときには、この事件について憚られる状況ではなかったと考えられる。にもかかわらず何ら言及せず、秀次の「御ぎやうぎ《行儀》のしたい《次第》」についてのみ、くわしく筆を運んでいる。太田では知ることのできないことであったのだろうか。太田の『信長公記』をはじめとする著作物からすれば、承知していても書けなかったとしか判断できない姿勢である。もっとも、事件のとき、太田がどこにいたか不明であり、彼自身風聞による記述しかできなかった可能性は残る。

不和の内実

秀次が謀叛といっても、秀吉を圧倒する軍勢も持たないことに鑑みれば、また、秀次附属の池田・山内などの軍勢も動いていないことをも勘案するとき、「謀叛」との言葉

は軍勢を動かすようなものではなく、単純に秀吉の意向あるいは命令に、真っ向から背く回答をすることによって引き起こされた混乱と考えるべきであろう。すなわち、両者の不和の内実は、直接的であれ間接的であれ、自明の問題である。豊臣家家督をめぐる問題である。もちろん、事ここに至るには、他の原因や要因も複合的に絡み合っていることは言うを俟《ま》たない。

三　高野への道行き

高野山へ

秀次謀反のストーリーは、想定どおりに進み、秀次は弁解の機会も与えられず、秀吉に会うことすらできず、伏見より高野山へと落ちていく。八日、玉水《たまみず》の宿（京都府綴喜郡井出町）に一宿、翌九日は南都の中坊《なかのぼう》宅で一宿、十日は八木《やぎ》（奈良県橿原市）、そして十日に高野山の青巌寺《せいがんじ》へ入ったのである。

最後の書状

九日、秀次は附き従ってきた家臣たちへ、つぎのような書状を遣わしている。秀次最後の書状と思われる（「大阪城天守閣所蔵文書」）。

ろし《（路次）》来候ものニもミせ候て返し可申候、以上

御家中諸奉公人見廻多候事、御ためあしきに成候事めん〳〵見廻をなすゆへにて候、

供之者共ハせかれ共まて御書立にてめしつれられ候、併御ためあしきやうニ仕なし
候事無是非思召候、并いつ方ニ御座候共、此刻飛脚を一人さし越ましきもの也
（文禄四年）七月九日　（豊臣秀次）（花押）
（宛名欠）

切り取られた宛名

宛名は切り取られているが、秀次の家臣であろう。見舞人が多くなることはためにならないと言い、秀吉側の覚えをよくするつもりであったことが窺われ、もしかすれば許されるであろうことを念頭においていたのかもしれない。「この刻《きざみ》飛脚を一人さし越ましきもの也」とまで厳命していることから、着せられた罪を何とか雪《そそ》ぐには、己が身ひとつをもって対処しようとしたのではなかろうか。

一次史料における秀次事件の真相

一次史料に秀次謀叛の真相を伝えるものはない。近年、刊行された『愛知県史』（資料編13、二〇一一年）で特集記事「秀次事件」として頁数を割かれたが、一次史料に今まで以上の情報を伝えるものは挙げられていない。本書では、この事件について、あえて編纂史料など後世の記録類は参考にしない。断罪された秀次側関係者の証言の類が出現でもすればともかく、かかる事件の断罪した側の証言類のみ取りあげてみても、真相は見えてこないからである。

秀吉、正当性を喧伝する

七月十日、秀吉は鍋島直茂《なべしまなおしげ》などへ「今度関白相届かざる子細これあるについて、高野

山へ遣され候」との朱印状を送った。同日、前田玄以《まえだげんい》・石田三成《いしだみつなり》・増田長盛《ましたながもり》・長束正家《なつかまさいえ》連署で「関白殿今度不慮之御覚悟」により高野山へ遣わされたとする連署状も出されており、秀吉サイドで一斉に秀次追放を煽り、政権側の正当性を喧伝したのである（『大阪城天守閣所蔵文書』・『吉川家文書』など）。

罪　状

しかし、秀吉はこれまで、明智光秀《あけちみつひで》・柴田勝家《しばたかついえ》・佐々成政《さっさなりまさ》・北条氏政《ほうじょううじまさ》などを討つ場合、彼の発給する朱印状などには相手の罪状を書くのを常としていた。甥子とはいえ、関白職を剝奪し高野山へ追放するにしては、その理由を不届とだけ記すのは、いかにも奥歯にものの挟まった物言いである。秀次に非があるとすれば、もっと断定的に断罪できたのではないだろうか。

山科言経の関心

秀吉サイドが公表した、謀叛を受け入れざるをえないように企《たくら》まれたと考えたいが、証拠は残されていないのである。前述したように、山科言経は、七月八日の日記のなかに「関白殿と大閤と去る三日より御不和」と認めており、三日以前より秀吉とのあいだで悶着がおこり、三日についに決裂するに至ったことを暗示している。言経が風聞を書き留めたのは、吉田兼見とは違い扶持米を貰っている立場だけに、その不和の成り行きには関心を措かざるをえなかったためと思われる。

四　最期のとき

秀次の処遇

文禄四年（一五九五）七月十二日、秀吉は高野山の木食応其《もくじきおうご》へ、秀次の処遇につきつぎのように命じた（東京大学史料編纂所架蔵影写本「所三男氏持参文書」）。

秀次高野住山之儀ニ付被仰出条々

一、召仕《めしつかい》候者侍十人、此内坊主・台所人共・下人・小者・下男、都合十五人可為候、此外小者一切不可有之候、然共ほつたい（法体）黒衣之上ハ、上下共刀・脇差不可帯之事、付タリ、此方奉公仕もの、縁者・親類不可召置事

一、為惣山番之儀、昼夜堅可申付、自然於令下山者、惣山可加成敗事

一、当山出入之口々ニ番を居、秀次見廻之族可令停止候事

以上

文禄四年七月十二日

高野山興山上人（木食応其）惣中

秀吉、木食応其に監視を命ず

この文言を読むかぎり、秀次を高野山へ放逐し、幽閉するつもりであったかのようにもとれる。秀次の身の回りの世話をする者だけの供を認め、肉親縁者との接触を断ち、

見舞する者をも禁じただけのことであり、木食応其に対して秀次の監視を命じたものである。

福島正則ら高野山へ

右の秀吉条書は、誰が木食上人へもたらしたのであろうか。十五日、秀次切腹の検使役として立ち会った福島正則《ふくしままさのり》・福原長堯《ふくはらながたか》（石田三成の娘聟）・池田秀雄《いけだひでお》の両三名の可能性が高い。この両三名は、何のために派遣されたのであろうか。右の条書の意を木食へ厳命するためであったか、それとも秀次に秀吉の意向、この場合、秀次を高野山へ軟禁するか、あるいは切腹を命ずるか、いずれかを伝達するためであったと思われる。結果としては、検死の役を勧めることになった。

切　腹

十四日夜、高野山へ着いた彼らは、翌日巳刻（午前十時ごろ）、秀次の切腹に立ち会うこととなったが、前夜、福島らが高野山へ着いた知らせは、当然のこととして秀次の耳に入ったものとみていいだろう。秀吉の使者として下高した福島らの立場と役目こそ、十五日に秀次を死に追いやった原因と考えてもまちがいはない。福島たちは、木食応其へ秀吉条書を手渡すことを目的としていたかもしれないが、聞き伝えた方は検死役ととった可能性すらある。

切腹の理由

秀次の切腹については、秀吉の命によるものとする考え方に対し、秀次自身が雪冤《せつえん》のため腹を切ったとする見方がある。秀吉が当初より秀次へ死を与えるなら、右の条書など必要のないものである。秀次謀叛を呼ばわっているうちに話が昂じ、条書の旨趣を伝える前に一気に死を賜う方向へと行ってしまった、いわゆるもののはずみ的現象である。

さて、七月十五日、高野山青巌寺での最期について『大かうさまくんきのうち』は、以下のように記している。

　くハんはく《関白》殿　御はら《腹》めされ候したい《次第》
　御こせうしゆ《小姓衆》御せうはん《相伴》人しゆ《数》
一はん《番》に、山もととの《山本主殿》も、御わきさし《脇差》国吉をくたされしやうがひ《生害》
二番、山た《山田》三十郎、御わきさし、あつ《厚》とう《藤》四郎くたされ
三番、ふわのまんさく《不破万作》、御わきさし、しのぎ《鎬》とう四郎《藤四郎》
　右三人、かたしけ《忝》なくも　関白殿　御かいしやく《介錯》なされ候也
四番、とうふくじりうせいとう《東福寺隆西堂》、れん〳〵御め《目》をかけられ候により、此ときゐんたう《引導》
　つかまつるへきのよし候て、むらくも《村雲》といふぎよけん《御剣》を申うけ、しんしやう《尋常》に
　はら《腹》をきられ候、めいよ《名誉》のしたひ也
五番、関白秀次卿、御わきさしは、まさむね《正宗》にて、御かたな《刀》なみおよぎ《波游》、さく《作》かねミつ《兼光》、
　さゝべあわぢのかミ《雀部淡路守》御かいしやく《介錯》つかまつり候て、そのゝちぬし《主》も御わきさし
　国次をくたされはら《腹》をつかまつり候、じやくはい《若輩》の仁に候へとも、そうげぢ《下知》を

つかまつり候て、ぜんご《前後》しんびやう《神妙》のはたらきかうめい《高名》ひるい《比類》なし、あハれ《哀》なるしたい、中〳〵申はかりなし

秀次は、山本主殿・山田三十郎・不破万作の介錯をしたうえで、自らは雀部《ささべ》重政《しげまさ》をたのみ生害した。秀次小姓の山本主殿・山田三十郎・不破万作・雀部淡路守および東福寺の隆西堂（虎巌玄隆《こがんげんりゅう》）の五名があとを追った。山本・山田・不破三人は小姓というだけで、くわしい経歴は不明である。

雀部重政

雀部は、三好康長《みよしやすなが》に仕えた関係からか、秀次に転仕し、馬廻《うままわり》として仕え、尾張国で二〇〇〇石を知行し、天正十九年十月二十八日、従五位下淡路守に叙任された。秀次を介錯していることから、秀次が三好康長の養子となったころから仕えた、秀次側近の筆頭的立場であったと思われる。享年三十七。知恩寺の如意庵《にょいあん》に葬られた（『新訂寛政重修諸家譜』七）。

秀次の宝篋印塔（高野山光台院）

虎巌玄隆

虎巌玄隆は十一歳のとき出家し、

処罰	場　所	事件後の処遇
自殺	京都粟田口吉水辺	元伊達政宗家臣
		知行を失う
		岡山の池田家へ仕える
		島津義弘へお預，慶長３年３月20日自殺
自殺	摂津五ケ庄，大門寺	
自殺	嵯峨二尊院	
殉死	高野山青巌寺	東福寺南昌寺住職
		秀吉に仕え，のち前田利長に仕う
自殺		息久太郎ともに自殺
殉死	高野山青巌寺	
		上杉景勝へお預，のち自殺
		徳川家康へお預，のち自殺
自殺	京都北野辺	
		中村一氏へお預，のち自殺
		中村一氏へお預，のち自殺
		牢人，のち石田三成へ仕う
自殺	相国寺門前	
		黒田孝高へお預，のち石田三成へ仕う
		黒田孝高へお預，のち病死
		構なし，秀吉に仕う
自殺	京都北野辺	おたつの父
殉死	高野山青巌寺	
殉死	高野山青巌寺	
		事件後，結城秀康に仕う
		佐竹義宣へお預，のち自殺

表10　秀次事件に連座した人々のその後

名　　前	身　　分	月　日
粟野木工頭秀用	秀次老臣	
生田右京亮	秀次家臣	
益庵宗甫	秀次家臣	
木下大膳大夫吉隆	秀吉馬廻	
木村常陸介重茲	山城淀城主	
熊谷大膳亮直之	秀次家臣	
虎巌玄隆(隆西堂)	僧	7月15日
駒井中務少輔重勝	右筆	
白江備後守成定	馬廻	
雀部淡路守重政	馬廻組頭	7月15日
服部采女正一忠	伊勢松坂城主	
一柳右近将監可遊	秀吉馬廻	
日比野下野守	清須町奉行	
前野出雲守景定	長康の子	
前野但馬守長康	但馬出石城主	
前野兵庫助	秀次家臣	
丸毛不心	秀次家臣	
武藤左京亮	秀次家臣	
武藤長門守	秀次家臣	
山岡主計頭景以	秀次家臣	
山口半左衛門重勝	尾張星崎城主	7月28日
山田三十郎	秀次家臣	7月15日
山本主殿助	秀次家臣	7月15日
吉田修理亮好寛	秀次家臣	
渡瀬左衛門佐繁詮	遠江横須賀城主	

東福寺の熙《き》春《しゅん》東堂《とうどう》に嗣法した。のち秀次に仕えたとあるが、その経緯は不明である。天正十七年、秀次が東福寺に南昌院を建立すると、第一世として迎えられ、寺領五〇〇石を贈られている。享年三十五（『東福寺誌』）。

なお、事件後、南昌院や東福寺に災禍が及ばなかったのは、北政所の侍女頭で大きな存在感を誇っていた孝蔵主《こうぞうす》（?〜一六二六）が、虎巌玄隆の伯母にあたったからと思われる。彼女の墓も南昌院にあったと伝える（『東福寺誌』）。

政権の対応

政権側は、秀次関係者の捕縛などに素早い対応をみせた。七月九日、吉田兼見《よしだかねみ》はつぎのように記している。「御謀反治定、歴々一味之衆在之、連々可有御紀明云々、木村常陸守《(介)》御折紙居城へ大閤被遣、御奉行請取云々、此外種々御紀明之義可被仰出、諸大名恐怖云々、大閤御気色以外之次第云々」と、秀次家臣のみならず秀次と関係を持った大名たちへも嫌疑が掛けられようとしていたのである（天理本「兼見卿記」六）。同十五日の秀次切腹後、側近であった木村常陸介重茲《きむらひたちのすけしげこれ》・粟野木工頭秀用《あわのもくのかみひでもち》・熊谷大膳直之《くまがいだいぜんなおゆき》・白江備後守《しらえびんごのかみ》成定《なりさだ》らが自刃した。

冤罪の可能性

政権側は秀次謀叛を喧伝し、生前の秀次と誼《よしみ》を通じていた伊達政宗《だてまさむね》など嫌疑を掛けられた大名たちがいるなかで、その一方で秀次を輔佐すべく附けられた年寄衆たちは、嫌疑どころか幾許《いくばく》の疑いすらもたれなかったようであり、ここに秀次事件が大冤罪であったと考える可能性を残しているのである。すでに早く歴史家の竹越與三郎は「秀次の罪は、唯一彼の左右に人なく、明晢《めいせき》身を保つの道を知らざりし一事のみ」と、事件を冤罪と断言している（『日本経済史』三）。

なお、秀次たちが切腹に用いた脇差であるが、厚藤四郎は、足利義昭が持っていたもので、のちに黒田如水（孝高）より秀次へ献上された。現在東京国立博物館が所蔵し、国宝に指定されている。鎬藤四郎も黒田如水より秀次へ献上されたものである。また、波游《なみおよぎ》は、「この刀で斬られた者が川を泳ぎ切って二つになった」という切れ味のすさまじさから名付けられたものと伝え、小早川秀詮（のち秀秋）が持っていたものである。現在国の重要美術品に指定されている（辻本直男補注『図説刀剣名物帳』雄山閣出版株式会社、一九七〇年）。

五　三条河原の惨劇

秀次切腹の報、京へ

秀次切腹の報は、神速都びとを驚すがごとく翌日京都へもたらされた。吉田兼見はつぎのように記している。

伏見よりある方申し来りて云う、昨日（文禄四年七月）十五日、巳刻関白御腹を切らせしむ、大閤の義による也、……殿下各首を討たしめ給う、次で殿下御腹を切らせしむ云々、是非なき次第也、諸家洛中洛外執心仕つり了んぬ

前日の高野山での出来事が、一日で伏見を経由して京都へ伝えられたことが判明する（天理本「兼見卿記」六）。

秀次の妻子・侍女らへの制裁

秀次の高野山追放後、七月十一日には、聚楽第にいた正室一の台をはじめとする妻妾

侍女子女たちは、前田玄以の居城丹波亀山城へ送られていたが、その後戻され、八月二日には洛中を引き回されたうえ、三条河原でそれぞれ最期のときを迎えた。ただし、秀次室のひとりであった池田信輝（恒興）の娘（照政の妹）は吉田城へ戻され、不問にされている。

妻子らへの制裁は、想像を絶するほどにまで惨酷なものであった。敵方の子孫を根絶やしにするため子女をも手に懸けることは戦国の世の慣いであったが、多くの女性たちを見せしめのごとく皆殺しに処したことを、早く渡邊世祐は「余りに惨酷にして、豊家の滅亡人心の離反は此時に兆《きざ》せしなり」と評している。

多数の記録

この顚末については、「関白雙紙」・「関白殿物語」・「関白秀次物語」・「秀次ものがたり」（いずれも江戸前期の成立）の書名をもつ記録が残されており、以前言及したことがある。写本により人名・年齢・経歴・人数など相違するところが見られ、惨劇の様子が細かに描写されている。なかんずく「関白殿物語」の描写は他に抽んでているが、鵜呑みにはできない（拙著『豊臣秀次の研究』）。

関白御手懸衆車注文

同じ記録ではあるが、三河国岡崎の真宗上宮寺《じょうぐうじ》の円光院尊祐《そんゆう》が筆記した「関白御手《て》懸《かけ》衆車注文」は、八月二日の現場を見聞きした人物から、さほど時間を経ていないころに書き残されたものと考えられ、信憑性は「関白雙紙」などよりも高いものと考えられ

表11　関白御手懸衆車注文にみえる妻妾たち

車　順	名　　前	続　　柄	年齢	子供，年齢
1番の車	おちやう	ひびの下つけ(日比野下野)殿御むすめ	27	御ひめ様 3
	おたつ	山田しやううん(松雲)の御むすめ	21	御百様　2
	おさこ	せうはい(松梅)殿御子	28	御ミや様 1
2番の車	いちのたい	きくてい(菊亭)殿御子	32	
	おいま	もかミ(最上)殿御子	15	
	おさな	むとうなかと(武藤長門)殿御子	19	
	ちうなこん	こはま(小浜)殿御子	29ヵ	
3番の車	おきく	いたミ殿御子	17	
	お万	しらき(信楽)大口殿御子	16	
	およめ		20	
	おあせち	さうもんわきは御子	30	
4番の車	おまき		16	
	おすま	四条殿御子	19	
	おくに		14ヵ	
	おあい		22	
	おなつ		23	
5番の車	おあ五		24	
	さへもんのかう(左衛門督)		28	
	ゑもんのかう(右衛門督)		25	
	おひかし		38	
	おあな		19	
6番の車	おとく		23	
	おふち		24	
	おミや		□□	
	おきく		21	
	おたい	ほんかうしゆせん(本郷主膳)殿かミのいもうと	29	
7番の車	おこほ		23	
	おたく		25	
	おこう		20	
	おこや		28	
	おまい		29ヵ	

る。これをまとめたものが表11で、奥書と裏書の部分をつぎに掲げる（「上宮寺文書」）。

文禄四年八月二日

関白様御てかけ衆車にのせて、一条より京の町々をひきまわし、三条の川原にて御成敗被成候車の注文

（裏書）

当院三十五世円光（尊祐）院殿自筆

文禄年中　大閤秀吉公の御養子関白秀次卿　御謀叛おほしめしたち給ふ御事あらわれ、高野山にて御自害、御君達方并女房衆卅余人、京のまち〳〵をひきまわし、三条にて御せいはいなり、其頃、当院円光院殿御在京之事にや、件の趣、御自筆にて記シ置給ふなり　□了（花押）

七輌の車に分乗させられ、一条（聚楽第）より洛中を東へ向け、三条河原まで送られたことが判明する。一番目の車には子供をもつ女性三人、二番目の車には菊亭晴季《きくていはれすえ》の娘、最上義光《もがみよしあき》の娘など公家・武家・仏家出身の四人、三番目には武家出身と思われる四人、四番目には公家の四条家の娘など四人、五・六・七番の車に乗せられた女性の出自は記載されていない。当日、彼女たちの装いは、

はだ（肌）にハいつれもきやうかたひら（経帷子）をめ（召）されつゝ、てのくい（手拭）にハほんし（梵字）をすへ、ひたひ（額）

をうつくま（蹲）せ給ふ、御くし（髪）おろさせ給ひしハ
三人の御子のおや（親）

と、死に装束での護送であった（『関白雙紙』）。

饗宴的処刑

さて、三条口（御土居の出入り口）へ着いたのち、検使役として石田三成・増田長盛・長束正家・前田玄以の四人が、雑色《ぞうしき》に命じて彼女たちを引き降ろし、河原へ引き立てた。河原に虎落《もがり》（割竹を組んで作った垣）を結い、そのなかに盛り土を拵え、その上に高野山より運ばせた秀次の首を三宝（木製の白木台）に載せ、それぞれに拝ませたのち首を刎ねたという。惨酷を通り越し鬼畜の饗宴的処刑であった（挿図）。

関白雙紙　第六図（正法寺蔵　岡崎市美術博物館提供）

悪逆塚

処刑が終わったのち、全員の屍をひとつどころにまとめ、十丈四方（約三〇メートル四方）の塚を築き、そこには「悪逆塚」と刻まれた塔が建てられたとのことである（中川龍晃『豊臣秀次公一族と瑞泉寺』一九

九五年)。

事件による犠牲者

七月以来、晴天がつづき、当日の都の空も晴れただけに三十余名もの鮮血は、乾いた河原を真っ赤に染めたであろう。貴賤群集の紅涙を絞るとは、まさにこのことであろう。秀次自身の行状にもルイス・フロイスが指摘したごときところがあったにせよ、妻子たちのみならず侍女たちまで皆殺しにしたことは、秀吉諒解済みのことであったか、石田三成・増田長盛らの暴走か、真相は不明である。当然のことながら、彼女たちの肉親たちへも捕吏の手が及んだことは十二分に考えられる。自ら死を選んだ者もおり、事件による直接間接の犠牲者は相当数にのぼるだろう。以下、散華した主な女性たち(右掲史料記載順)の経歴や、その父親のその後など、わかる範囲で記しておきたい(表10参照)。

おちやう

おちやうは、美濃の竹中与右衛門あるいは日比野下野守の娘とされる。秀次家臣で、清須町奉行であった日比野と考える方が蓋然性は高い。秀次とのあいだに一子を授かっていたが、男子とするもの、女子とするものあり、はっきりとはしない。年齢も十八から二十七歳とあいだがある。なお、父親は事件に連座し自殺している。

おたつ

おたつは、尾張の山口半左衛門重勝の娘である。父の重勝は、はじめ織田信雄へ仕え、のち愛知郡星崎城主となり秀次に仕えたが、七月二十八日、事件に連座し、自殺した(『尾張志』上)。秀次とのあいだに一子を授かっていた。年齢は十九か二十一歳。

おさこ

おさこは、北野松梅院禅昌の娘である。松梅院は北野天満宮の祀官三家のひとつで、天満宮の祭祀を宰領した。事件後、「松梅院一類悉令逐電云々、今度息女故也、不慮之仕合也」と、禅昌のみならず肉親たちも逐電したことが知られる（天理本「兼見卿記」六）。秀次とのあいだに一子を授かっていたようだ。

一の台

一の台は、菊亭晴季の娘であるが実名は不明である。「一の台」とは、一の御台所の略と考えられる。後述するように秀次は今ひとり政所と呼ばれる女性を迎えていたことから、右大臣家の彼女を「一の台」と呼んだのであろう。年齢は記録により三十から三十四歳までと開きがある。清華家で右大臣の姫君ということから秀次が中納言へ昇ってから以降に娶ったものと推察される。もっとも、一の台は再婚で先夫の子供おみや十三歳を連れての再嫁であった。真偽のほどは不明ながら秀次は一の台のみならず娘をも猟色の対象としたようである。

法名を養徳院という（「菊亭家譜」）。「関白雙紙」によれば、「みめかたちしんしやうさ中はかりはなかりけり」と記される才色兼備の女性であった。なお、一の台の母親は武田信虎の八女で、お菊御料人と呼ばれた女性である。永禄初年（一五六〇年前後）に菊亭晴季へ嫁し、一の台はその三女であった。一の台からすれば、信玄は叔父にあたる。

菊亭晴季

一方、右大臣菊亭晴季は、八月二十五日、越後国へ流罪となったが、慶長元年

（一五九六）には許され帰洛し、同三年十二月、右大臣へ還任し、同八年正月に辞官した。元《げん》和《な》三年（一六一七）三月二十八日死去。享年七十九（『公卿補任』三）。

秀吉と懇意で、秀吉の関白就任を勧めたと言われ、豊臣政権との関係も緊密で、しかも娘聟が秀次であったことから、菊亭晴季もまた秀吉に翻弄された人生を送ったことになる。墓は秀次と同じ善正寺にもある。

おいま

おいまは、出羽国で十三万石を領し山形城主で出羽侍従と称された最上義光の三女であった。姫と呼ばれた女性で、十五か十九歳である。天正十九年十月、奥羽仕置を終えた帰洛の途上、秀次が義光の娘のことを聞きつけ、上洛を強要したとのことである。あるいは、秀次と誼をつなぐべく、義光より娘を差し出したとの説もあり、断定的なことは不明である。信憑性に問題を残すが、最上氏との接点はこの時以外想定できない。「容色嬋妍《せんけん》世にすぐれたるのみにあらず、小野小町がもてあそびし道を学び、優婆塞《うばそく》の宮のすさび給ひし跡をも追んとのみ、琵琶を弾じては傾く月の影を招き、花の下に歌を詠じては、移らふ色をいためたり」との才媛であった（『奥羽永慶軍記』下、『南部根元記』『南部叢書』二）。

事件後、最上義光は伊達政宗ともども謹慎を命じられ、八月十日、最上義康《よしやす》と家親《いえちか》の兄弟は、出羽国村山郡の大沼明神へ父親の無事を願う立願をしている（「大沼大行院文書」

『東村山郡史』）。

おさな

おさなは、武藤長門守の娘である。武藤は秀次家臣で朝鮮出兵への「御人数備之次第」では、後備で四一三人の負担となっている。年齢は十六から十九歳であった。

中納言

中納言は、摂津国川辺郡小浜《こはま》の真宗毫摂寺《ごうじょうじ》（通称小浜御坊）の第九世善助《ぜんじょ》の娘で、お亀御前とも称された。二十九から三十四歳であったらしい。

おきく

おきくは、伊丹《いたみ》兵庫頭正親《まさちか》娘で、十四から十七歳であった。父の正親は、初め細川晴元に仕え、ついで信長・秀吉につかえ、秀次事件では連座することなく、秀吉没後は黒田長政に転仕し、関ヶ原の戦いで戦死をした。伊丹家は江戸時代は幕臣として歴世相続した（『新訂寛政重修諸家譜』五）。

おまん

おまんは、近江国甲賀郡信楽の多羅尾《たらお》左京進光太《みつもと》の娘で、二十二か三歳であった。事件後、父の光太は逼塞を命じられている（『新訂寛政重修諸家譜』十五）。

おつま

おつまは、記録により、おくま・おすまとも記され、十六から十九歳ぐらいであった。

四てう（条）との、御あねこにして三てうさんくわうゐん（三条三光院）（三条西実枝）との、御ま五（孫）も御つま（妻）とて、
くわんはく（関白）とのに上らふ（上臈）にてをハしまし候

と、四条隆昌《しじょうたかまさ》の娘の可能性がたかい。記録により父親を四条三位中将とするものもあるが、隆昌は三位に昇っておらず、父親の隆益の可能性もある。しかし、隆昌は弘治《こうじ》二

年（一五九六）生まれであること、某年に出奔し、慶長六年（一六〇一）に勅免を受けていることから、秀次事件に連座し出奔したものと考えられ、この四条は隆昌と断定しておきたい（『諸家伝』一二）。

「関白雙紙」によれば、おつまは「この人の御すかた（姿）ことにすくれてしんしやう（尋常）なり」とあり、いずれに劣らぬうつやかな女性であったことが推し量られる。

おあい

おあいは、近衛家の内衆古川主膳の娘で、二十二から二十七歳であった。当時、近衛家に古川という家臣がいたか不明である。

記録の不一致

先に断ったように名前や年齢が一致しない者も多く、秀次の子供の名前や年齢、そして母親の名前も一致しない。何よりも処刑された人数も記録によりまちまちである。公家と武家を出自とするものがほとんどで、地域的には山城・近江・美濃・尾張など豊臣氏所縁の者が多い。

現在、京都三条小橋のほとり近くの瑞泉寺に合祀された霊位には、他の記録類にはみえないものもあり、侍女たちの名前に大きな混乱があるものと思われる。

京の人びとの所感

ところで、この惨劇を京の人びとはどのように見ていたのだろうか。

①三条河原ニテ悉御生害也云々、不便《ふびん》々々、貴賤群集之見物也云々（『言経卿記』六）

②於三条川原成敗、各切首、築塚云々、希代之義也、殿下御首ヲモカリノ内ニスエ

テ、其前ニテ成敗云々、若公・女子かけて三人同前御成敗也、諸人不見之由風聞也（天理本「兼見卿記」六）。

③三てう《三条》にてころし《殺》たるとなり、たいしん《大臣》・くけ《公家》・ほうかう《奉公》御むすめ《娘》たちをかやうの事あまりなるにかく〳〵《苦々》しき事ともなり、御いた《痛》わしさあわれ《哀》なる事ともせうし《笑止》なり（「大外記中原師生母の日記」）。

④けふ《今日》くわんはく《関白》とのしゆ《殿衆》御せいはい《成敗》のよし申、三人のわかきみ《若公》、四人の御ふくろ《袋》、てかけしゆ《手懸衆》卅四人くるま《車》にて、三てう《三条》のかわら《川原》にてきられ《切》候、いた〳〵しき事也（『御ゆとの、上日記』八）。

⑤女性衆卅四人一度ニ生害、目モアテラレヌ躰也ト、浅猿々々（『多聞院日記』五）。

①は山科言経の当日の日記、②は吉田兼見の当日の日記。③は大外記《だいげき》中原師生《もろお》の母の当日の日記、④は禁裏長橋局の女官の日記。⑤は興福寺多聞院英俊の八月ころの日記である。日記とはいえ、かかる出来事の記述は風聞によっており、自ら見てはいない。

①の山科言経に至っては、他人事《ひとごと》のようである。おそらく秀次より扶持米をもらっていた関係上、連累を避けるため書けなかったのだろうか。九月四日、言経は七七忌日により「念仏十万反・光明真言百返等唱之拝了、一万反御内衆ニ回向了」と供養している（『言経卿記』六）。これに対して③と④は、風聞によるとはいえ記主が女性だけにやや感情

的である。

三千院応胤の書状

いま一人、三千院応胤《おういん》（伏見宮貞敦親王男）が当門跡最胤《さいいん》（伏見宮邦輔親王男）へ宛てた八月四日附書状を取りあげてみよう。「（前略）仍三十人余女とも車にてわたされ、ことくく首を被刎候由候、塚をつかれ候とて、上下京毎日普請ニ罷越候由候、無別条候、伏見の御所にハ大坂へ今日とやらん御越候由候、京中の儀ハ石　田（石田三成）・右衛門尉（増田長盛）両人奉行之由候、民　法（前田玄以）ハ公家・門跡・諸五山申次之様ニ申候、丹波国被仰付候とて、亀山城治定候、金　吾（金吾秀詮）ハ小早川（小早川隆景）ニ被預候、十人扶持なと丶申候、但風説のミにて候間、実説たるへからす候、聚楽ハひかれ候事ハ必之由申候（後略）」と、京都の動揺を避けるためか、政権側の素早い対応として、石田三成・増田長盛の二人に京中の奉行が命じられたことを伝えている（「古文書纂」二）。聚楽第の破却も噂となっていたのだろうが、九月九日「聚楽御城之御番ニ稲葉兵庫（稲葉重通）、去月已来在城」と、聚楽第はすぐには破却されなかったことが知られる（天理本「兼見卿記」六、拙稿「聚楽第をめぐる豊臣秀次と賀茂の氏人」）。

秀次家臣らの処分

一方、京都では秀次家臣らへの処分も実行された。すでに触れたように七月十四日には、木村常陸介重茲・粟野木工頭秀用・熊谷大膳大夫直之・白江備後守成定が切腹を命じられたとの噂も飛びかった（『言経卿記』六）。同二十六日「木村常陸守（介）女房・同息女於三条川原成敗、常陸守嫡男▨▨《十六才女房》梟首、女子十三才ハツケニカクルト云々」と、家族も連座している。ただし、嫡男は二十二日に法花堂で自害しており、その首を梟首としたのだろう。十三歳の少女をも磔刑に処するなど凄惨なまさに見せしめであった（天理本「兼見卿記」六）。

六　事件の真相

知行替

秀吉は文禄四年の七月十五日には田中吉政（二万八〇〇〇石余）・山内一豊（八〇〇〇石）・中村一氏（五〇〇〇石）へ、また八月八日には駒井重勝（一三〇〇石）へ、それぞれ加増した。秀次失脚により秀次領がなくなり、新たな知行替が行われるのは当然であるが、秀次附であった田中・山内・中村への加増、まして秀次側近で右筆であった駒井へ加増がなされたことを、いかに考えるべきであろうか。

秀次附への不問

また、秀次に附属された山内一豊・中村一氏をはじめとして堀尾吉晴・松下重綱らは、何の咎めをうけず無事であった。なかでも妹が秀次の北政所として嫁いでいた池田照政には何の咎めもなく、まして「関白殿一老」と称された田中吉政へは大きな加増がなされた。これでは秀次に附属された意味は、何であったか問われるべき問題である。

事件後、秀次家臣であった大庭《おおば》三左衛門・大山伯耆守・前野右衛門太郎・前野兵庫介らが石田三成へ転仕したことも、わずかとはいえ気がかりなところである。うまく立ち回り災厄を逃れえた者もおり、ここに秀次事件の真相の一端が隠されているようにも思われるのである。

秀吉の私情

さらに言えば、秀次のふた親、三好吉房ととも（秀吉実姉）は連座しなかった。父親は所領を没収されたうえ讃岐へ追放処分となったが、命に別状はなかった。秀次室のひとりであった池田信輝の娘は、照政の妹でもあり吉田城へ戻されている。あまりにも多くの犠牲者を出しながら、秀吉の恣意とも思われる不問は何であったか。秀次謀叛を喧伝し、秀次失脚が企まれたものであることが窺われるとともに、事件の冤罪性を物語っているのではないだろうか。

『石田軍記』

さて、秀次事件とは何であったのだろうか。江戸時代より秀次が謀叛を起こしたとして記述されてきたが、謀叛の真相は史料制約にもよるが、不明であるといってよい。事件より百年ほど経った元禄《げんろく》十一年（一六九八）に刊行された『石田軍記』によれば、石田三成が秀次附年寄田中吉政と諮り、秀次謀叛のストーリーを描いたことになっている。秀吉亡き後のことに思いを致し、秀次と家康が邪魔であり、まず秀次を葬り去るため「文禄四年乙未の春の頃より方便を作して、秀次公謀叛の街談をば流して、児女に謡はしむ」と、石田側から秀次が謀叛を企んでいることを京童をして流布させたとある。石田が攻権を奪い取らんがため、当面の障害である秀次を失脚させるため、田中を抱き込み、秀次謀叛を捏造したとの見方である（黒川眞道編『石田軍記』）。

『三壺聞書』

加賀前田家の記録である『三壺《みつぼ》聞書』（三壺三左衛門著、宝永年間成立）には、同じ秀次附の木村常陸介が謀叛を勧めたこととしている。「今於拾《おひろい》様と申し御寵愛甚だし、君は秀吉公の御妹（姉）の御子也、正しき御実子捨て、君に天下譲り被成事思ひも寄らず、後々には信（織田）雄の如くに遠国へ移し、少し領知を可被遣物也、然らば謀事をめぐらし御謀叛を越し給はゞ、御味方申者も可有御座と申」とあり、秀頼がいる限り秀次はいずれ遠国へ斥けられるため、謀叛を起こすべきとの入れ智恵をしたとある。作り話に近いと考える。

残された聞書類や軍記物を博捜しても、基本的なところは一致している。秀頼誕生をうけ、いずれ遅かれ早かれ秀吉から疎んじられるであろうことを秀次へ進言した者がいたように記されている。事の真相にせまるには残された史料はあまりにも少なく後世の編纂史料に頼っているのが実情である。

ルイス・フロイスの報告

全幅の信をおけるかどうか問題を残しているが、後世の日本側史料よりも信頼するにたりるものと考え、同時代史料として、永禄《えいろく》六年（一五六三）来日し、信長や秀吉の知遇をえた在日三十年余におよぶ日本通の宣教師ルイス・フロイスの報告から、ことの真相にせまりたい。

ルイス・フロイスがイエズス会総長クラウディオ・アクアヴィーヴァへ宛てた「一五九五年度年報補遺」は、日本事情に長《た》けた彼ならではの眼で、太閤秀吉と関白秀次の確執の原因を三点あげている。第一点は、天下の支配と統治の実権は、依然として老君の掌中にあったこと。第二点は、朝鮮国を征服した時にはシナ国（明）侵攻のため出陣させようとしたこと。第三点は、男子（秀頼）が誕生したこと。

しかも、お拾（秀頼）誕生後、秀吉と秀次とのあいだの確執の経緯を詳細に記録し、最終的には秀吉側が機先を制するかたちで秀次を伏見へ呼びつけ、そのまま関白職を奪い、高野山へ追いやったこと、高野山での切腹、翌月、三条河原での子女妻妾たちの殺害までを、当時の日本人ですら知りえない政権内の動きを、フロイス自身が見たり聞いたりした可能性があるがごとく報告しているのである。

秀吉後継者の位置に祭りあげられたものの、内実は飾りものにちかく、政権の長としての実権はほとんどなかった秀次にとって、その憤懣のはけ口は、フロイスが言うように「忌まわしい性癖」として繰り返されることになったのである。その原因は、秀次が権力を掌握できなかったこともあろうが、何よりもお拾（秀頼）誕生に尽きると言えよう。齢五十七にしてできた実子が政権の帰趨を左右することになったものと見ても、大過ないだろう。

一方、事件の原因のひとつとして、七月三日に秀次が禁裏へ金子五〇〇〇枚を贈ったことが指摘されている（「歴朝要紀」）。御所へ三〇〇〇枚、若宮（良仁親王）・准后（勧修寺晴子）・八条殿（智仁親王）・聖護院道澄へそれぞれ五〇〇枚宛、女御（近衛前子）へ三〇〇枚を進上した。かつて、渡邊世祐は、これから秀吉とのあいだで起こるであろう悶着を慮って朝廷へ献じたのではないかと指摘しているが、太閤秀吉と関白秀次との不和を生んだ直接の原因ではない（『豊太閤の私的生活』）。

禁裏への献金

山科言経は、両者が「去三日ヨリ不和」と言っていることから、朝廷への献金が即日秀吉の耳へ入り、このことが不和の原因となったと考えねばならなくなる。これではいったい、秀次がなぜ献金したかの理由の説明がつかない。これより以前から両者のあいだには何らかの原因により亀裂が生じ、水面下での確執が三日の日に表出したのではないだろうか。このため秀次は急遽、禁裏の感触をよくするため献金したのではないだろうか。

されば、いよいよ本書でも事件の真相について言及しなければならないだろう。

事件の真相とは

かつて、朝尾直弘氏は豊臣政権内における秀次の政治力について「関白職の秀次への委譲は、天下人の体現していたこの要素のひとつの分離を意味し、関白という国制上の統治権限をもつ秀次との関係は、政権の問題としては整理されず、しかも、秀次が天下人秀吉の跡継ぎであったことから、後者が前者の思惑による限度をこえた実質的権力として機能しはじめたのではなかったか」と、秀次政権の一定度の独自性を指摘した（『天下一統』）。

文禄四年五月二十一日、伏見で秀次は能を演じ、秀吉と北政所が御成をしており、両者のあいだに亀裂が生じている気配は感じられない。ところが、六月十九日に伏見へ渡御してから煩いつく。こののち七月三日に、不和のことが世間の取沙汰となった。この間に両者の関係が修復できないまで緊張した理由はどこにあるか。

関白権力行使への秀吉側近たちの危機感

関白秀次が、自ら関白として謡抄の注釈書を作成することを公家や桑門の名僧知識を糾合して命じたこと、作業は順調に運んだようだが清書本の装幀に問題が生じたためか相国寺の清叔寿泉《せいしゆくじゆせん》と有節周保《ゆうせつしゆうほう》を勘当に処したこと、豊臣政権の事業としてではなく関白秀次の発意により独自に動きはじめたことに、秀吉側近グループの面々が危機感をもちはじめたのではないだろうか。なかんずく、武家伝奏をして公家たちへ命令をくだすこと、桑門へ下知することなど、それまでの秀次では見られなかったことである。

文禄四年に至り、蒲生氏の跡職一件をふくめ、関白秀次が独自に権力行使を、本人が自覚しているか否かはともかく、関白秀次の意思が機能しはじめたのではないかと思われる。謡抄の注釈書の作成は、秀次の文化事業として取りあげられるが、その目的より、手段として公家や五山僧を糾合できることに、前田玄以など秀吉側近たちから危機感をもたれたのではないだろうか。京都の寺社支配を担当してきた前田玄以にとっては、憂慮せざるをえないことではなかったか。しかのみならず、文禄年間には、京都においては太閤様奉行と関白様奉行との確執もみられ、政権の京都支配に支障が生じつつあったように思われる。

八月四日附、三千院門跡応胤書状に見られた「民（前田玄以）法ハ公家・門跡・諸五山申次之様ニ申候」とは、まさに関白秀次が独自に彼らに命ずることができるようになった権限を引き戻し、太閤政権＝前田玄以を介するシステムの制度化をもくろんだものであろう（「古文書纂」二）。右に述べたことは推論にすぎないが、両者の不和に至る状況説明の一端を担うことは許されるだろう。もちろん、お拾誕生後の経緯などをあわせ検討するならば、遅かれ早かれ決裂の日は来たであろうが、関白秀次が関白として動けば動くほど、危機感をもって太閤の奉行たちを刺激したものと推察される。

禅譲の模索と決裂

しかしながら、右に述べた不和にいたる状況説明では、奥歯にものがはさまった感が否めないだろう。ではなぜ、秀吉は秀次を擯斥しなければならなかったか。筆者の用意する回答はこむずかしいことを考えてはいない。お拾（秀頼）誕生にともない、たとえ秀次が優れた人物であっても秀吉自身の血肉をわけた実子に豊臣家を継がせたかったのである。このため障害となる秀次が禅譲の意思を示したならば、秀吉自身に汚名を残すこととなった結末を招来することもなかったのである。これについては、河内将芳氏も言及するとおりで理屈を越えたものと考える。秀次より禅譲の意思を引きだすタイミングが文禄四年に入り両者のあいだで探られつつあった過程で、秀次の持つ関白権力が機能しはじめた結果だと考えるものである。両者の不和は、この過程で創り出されたものと言えよう（『秀吉の大仏造立』）。

七　事件の影響

大名たちの起請文

文禄四年（一五九五）七月十二日、秀次失脚に少なからず暗躍をしたと思われる石田三成と増田長盛両名は、「お拾様」へ別心ない旨を誓う起請文を認《したた》めた（大阪城天守閣所蔵「木下家文書」）。秀吉の求めに応じたのか、それとも自主的なものかわからないが、嫡出子秀頼（お拾）を豊臣政権の後継者として別心なき旨を起請文に託したのである。

ついで二十日には、お拾の傅役《もりやく》を命じられた前田利家と宇喜多秀家が、前田玄以などへそれぞれ起請文を差し出し、さらに織田常真ほか二十九名の大名たちが、連署の起請文に血判署名の起請文を差し出している（「同前」）。七月二十四日、伏見へ着いた徳川家康も、月末には毛利輝元と小早川隆景と三名連署で同じ起請文を認めている（同前）。

上巻起請文

この時、差し出された起請文は、上巻《じょうかん》起請文と呼ばれる異様なまでに長文のもので、まさに八百万の神がみに起請しなければならないような、切羽詰まった政権の心性のようなものを感じることができる。このことはとりもなおさず、政権に少からずの動揺があったことを明証している（千々和到「霊社上巻起請文―秀吉晩年の諸大名起請文から琉球中山王起請文へ―」『國學院大學日本文化研究所紀要』八十八輯、二〇〇一年）。

文言の差異

お拾への忠誠を誓う起請文ではあるが、石田と増田、前田と宇喜多、徳川と毛利と小早川、および織田常真ほか二十九名の大名たちが差し出した起請文は、それぞれ文言に相異が見られる。増田長盛・石田三成両名のものは、政権の奉行人として公儀御為に忠功を尽くすことを誓約したもの。前田利家・宇喜多秀家は、お拾の傅役としてのものであり、織田常真以下諸大名のものは、公儀へ忠誠を誓い、相互規制を誓ったものである。

これに対し徳川家康・毛利輝元・小早川隆景のものは、坂東のことは家康が、坂西は輝元と隆景が宰領し、下国についても交替ですることを誓約したもので、政権の統括責任者の立場であることをいっそう明らかにしたものであった。もっとも、この体制は、天正十四年（一五八六）ころにはできていたが、当事者が起請文をもって誓約するという点で画期的なものである（『伊達家文書』二）。ただ、上杉景勝は、諸大名衆の一人として署判していることが気に掛かる。東国は、家康と景勝と指名されてきた人物だけに、この起請文前書では、なぜ家康との連署とならなかったのか問題は残る。

子守政権の骨格

このことはともかく、ここにおいて豊臣政権は、お拾を守り立てながら太閤秀吉に忠誠を尽くすという、いわば子守政権的な一面をもった骨格ができあがったのである。徳川家康・上杉景勝・前田利家・毛利輝元・小早川隆景・宇喜多秀家を頂点とする宿老と石田らを中心とする奉行人たちにより構成され、運営されることになったのである。

「御掟」と「御掟追加」

ついで八月三日、凶事ののちの吉事とばかりに、豊臣政権にとって初めての体系的な法である「御掟」と「御掟追加」が出された。この両法については、すでに多くの研究があるので詳細はそれらに譲りたい（三鬼清一郎「御掟・御掟追加をめぐって」、中野等『豊臣政権の対外侵略と太閤検地』）。

御掟と御掟追加の各条文について見ていきたい。

「御掟」

第一条は諸大名間の婚姻の許可制、第二条は大名・小名間での誓紙の禁止、第三条は喧嘩口論での堪忍の勧奨、第四条は実儀ないことを上申する者があれば双方を糾明すること、第五条は乗物の許可制、以上五ヵ条である。全体としては、大名相互間の自己規制を求めたものである。

「御掟追加」

これに対して「御掟追加」は、第一条と二条で公家・門跡、寺社へ、それぞれの家職と学問に励むことが公儀への奉公であると位置づけた。これによって「御掟」と「御掟追加」が全領主層へ向けられたものであることがわかる。第三条は天下領知方の規定、第四条は武家の妻女の規定、第五条は知行分限に応じた行動の規制、第六条は直訴目安の規定、第七条は衣裳紋の規定、第八条は飲酒の規制、第九条は覆面往来の禁止、以上九ヵ条である。

秀次事件の影響

第四・五・七〜九の五ヵ条は、全領主層へ向けられる体系的な法とはみなしがたく、秀次生前の行状批判に立ったうえで、全領主層の日常的な身の処し方を規定したものであった。「御掟」の第一・二条は、読み方によっては秀次事件を前提にした規定とみなすことができる。第四条の「実なき儀を申し上ぐる輩《ともがら》これあらば、双方召し寄せ、堅く御糾明を遂げられるべき事」などは、まさに秀次謀反の風聞に関わって規定されたものと言わざるをえない（『浅野家文書』）。

「御掟」や「御掟追加」の条文を閲するかぎり、これを豊臣政権の初めての体系的な法とまで評価しうるものか疑問は残る。「御掟追加」の多くの条文は、個別領主法の次元ではないだろうか。豊臣公儀が全領主層へ高らかに示す武家法にはほど遠いものを感じずにはいられない。むしろ、三鬼清一郎氏が少し示唆しているように、いわば臨戦体制を予測した状況下に発せられたものとして解釈を進めるべきであろう（三鬼氏、前掲論文)。

時限法的なもの

中野等氏は、この全文十四ヵ条の法をもってただちに「天皇の存在を相対化しており、「御掟」・「御掟追加」は従来の叡慮に替えて「太閤様御法度御置目」自体を権原に据えた新たな公儀権力の構造を提示したものとして評価すべき」ものと指摘している(中野氏、前掲書)。この法は、秀次事件という豊臣政権にとって未曾有の政変と、領主的危機に対処するために出された時限法的なものと思量するものである。八月二十日、秀吉の煩いに対して朝鮮駐留中の加藤清正ら二十二名もの大名たちが血判起請文を差し出さねばならなかった理由は秀次事件に起因すると考えるべきであろうか。

秀次事件から得たもの

この起請文の宛先は、前田玄以・増田長盛・長束正家・石田三成の四人である。大名統制を管掌すべき家康などではないところに、政権の抱える問題が軽くないことを窺わせる。秀次事件を経験することにより、秀吉は関白職を放棄し、「太閤様御法度御置目」に基づく武家政権の自立を図ったのだろう。その際、政権の基盤に家康・利家・景勝・輝元・隆景・秀家を置き、実務層に前田玄以・増田長盛・長束正家・石田三成とこのほかに十人衆と呼ばれる各専門の奉行人たちを配置することに成功したのである。このことこそが、多大の犠牲を払って獲得することができた成果のひとつと評価すべきもののように考える。

第九　秀次像の形成

一　秀次の妻子たち

秀次の妻子については、秀次事件のとき、その多くが処刑されたことは確かであるが、事件以前に生まれ、亡くなった子供もおり、また菊亭晴季《きくていはれすえ》の娘を妻（北政所《きたのまんどころ》）に迎えながらも、なお別に北政所と称し存命した女性もいたようであり、現時点で判明する人たちを取りあげておきたい。

池田信輝の娘

秀次は、池田信輝《いけだのぶてる》（初め恒興《つねおき》、勝入《しょうにゅう》）の三女を妻に迎え「関白秀次公北政所」としていた（『系図纂要』十二）。池田信輝は長久手の戦で戦死しており、信輝の二男三左衛門照政《てるまさ》は翌年八月に秀次に附属されている。自己の宰領ミスもあって戦死した信輝の娘を、妻に迎えたということになる。秀次と池田氏との接点は、このころからと思われるが、秀次十七か八歳のときのことであろう。

秀次事件のとき、「くはんはく（関白）ひてつきけう（秀次卿）のわかまんところ（若政所）殿、はしは（羽柴）三さへもん（三左衛門、照政）

「きやうたい《（兄妹）》に候あひた、三しう《（州）》へをくり《（送）》つか《（遣）》わされ」た若政所は『系図纂要』が載せる女性と同一人物である（『大かうさまくんきのうち』）。

前章で触れたように秀次は、「一の台」と呼ばれた菊亭晴季の娘を妻に迎えていたが、池田信輝の娘は「若政所」と呼ばれたとのことから、北政所（関白室のこと）を二人迎えていたことになる。彼女は、「関白秀次公北政所」であったが、秀次事件では池田照政の妹（実名は伝わらず）ということで、照政の居城三河国吉田城へ返されたというのである。照政が秀吉に懇願でもしたのだろうか。吉田城へ戻されたのちの消息については不明である。慶長《けいちょう》十六年（一六一一）八月二十日に亡くなった。法名は致祥院殿栄岳利盛（「東西歴覧記」）。

二人の北政所

秀次妻妾たちのなかで生き延びた女性がいたのである。ルイス・フロイスもまた三人のキリシタンの侍女が死を免れたことを記している（『十六・七世紀イエズス会日本報告集』第I期二）。

薬師院肩衝

天正《てんしょう》十九年（一五九一）、「太閤輝政が邸に来臨のとき数種の引き出物をあたへられ、秀次よりも薬師寺肩衝の茶入を贈らる」とあり、信輝娘の秀次への入輿に際し与えられた可能性があり、「一の台」に対し「若政所」と通称させたのではないか。彼女の輿入れもこの年のころと考えられる。なお、このとき下賜された薬師寺肩衝は、医師薬院竹田氏に伝来したものであり、正式には薬師《やくし》院《いん》肩衝《のかたつき》と呼ばれる名物で、寛文《かんぶん》十二年（一六七二）には池田光政から幕府へ献上された（『新訂寛政重修諸家譜』五）。

賀茂殿

つぎに、賀茂殿《かもどの》と呼ばれた女性がいる。『太閤記』では実名をお虎とし、秀次事件で処刑されたことになっている。「賀茂社家系図」には、岡本美濃清国の娘で徳（異本で虎）、秀次事件で「被誅、年廿九（異本で廿四）」と見える。しかし、この女性は『時慶記』に現れ、孝蔵主《こうぞうす》（北政所侍女）や西洞院時慶《にしのとういんときよし》なども近しい関係にあった賀茂殿のことと思われる。

賀茂殿は、事件より二年前の文禄《ぶんろく》二年（一五九三）九月十四日、大坂で病死している。この賀茂殿のことを『太閤記』叙述過程で誤伝したまま秀次事件で処刑されたと書いたものと思われる。「賀茂社家系図」は基本的には女性を記載しない系図だが、この系図でも秀次事件の記憶が誤伝のまま記載されたものと思われる。西洞院時慶は「賀茂殿」と敬称をつけ書いていることから秀次室であったと考えておきたい。

事件以前に亡くなった子

一方、子供たちも文禄四年（一五九五）以前に亡くなった者がいたようである。浄土宗洞《どう》覚《かく》院（近江八幡市孫平治町）には、天正十五年（一五八七）十一月十一日に亡くなったとする正寿院殿利貞童女の位牌を安置している。秀次が八幡山城へ入部して以降に生まれた子供と思われるが、母親は不明である。なお、洞覚院は、近世「関白秀次公之御姫君」の位牌を安置する寺院として除地《よけち》五反三畝余を許されていた（『滋賀縣八幡町史』下）。

八百姫

吉田兼見《よしだかねみ》の日記には、秀次の子供の記事が散見する。文禄元年（一五九二）九月中旬生まれの八百姫《やおひめ》は、病がちでたびたび祈禱をうけているが、薬効むなしく同三年五月二十七日に三歳で亡くなっている。母親は若政所とする。もし、そうであれば池田信輝の娘で秀次事件のとき、吉田城へ帰った女性のこととなる（天理本「兼見卿記」三）。

病弱の八百姫の加持祈禱を任された兼見は、四月二十四日には秀次より一〇〇石を賜っている。二十六日には八百姫より菓子などを賜った兼見は、「当社正印の感応なり、神道家業の威この節なり」と、喜びを隠さない。祈禱の効果が現れた結果であり、また兼見自身が家職に励んだ結果として評価されたのであろう。

御亀

また、同二年正月に生まれた息女御亀《おかめ》という姫君（八百姫の妹）もいたが、秀次事件の災禍に会わなかったことを勘案するとき、善正寺に伝来する「妙亀童女　七月十三日」と記された位牌は、御亀の可能性がある（「東西歴覧記」）。

若君

同二年四月に生まれた若公（母親は不明）も病がちで、五月二十九日には容態が悪化し、加持のため召された兼見が聚楽第の殿中へ祗候すると、その間、秀次は蚊帳のなかに座していたというのである。生まれて間もない児の容態を側に付き添って見守る父親としての姿が窺える。残念ながら六月六日、彼岸へ旅立った。病名は驚風《きょうふう》（幼児の引きつけを起こす病気）であったと記録している（天理本「兼見卿記」一）。
秀次には北政所と称される女性から側女まで多くの女性がいたようであり、実の子供たちが何人いたのかを確かめることはできない。ただ、秀次事件のときには、記録により相違が見られるが、三人から五人の子供たちが道連れにされたのである。

二　残された家族

三好吉房、奇病に取りつかれる

天正二十年（一五九二）十月、秀次の父、三好吉房《みよしよしふさ》は奇病に取りつかれた。秀次家臣の益庵宗甫《えきあんそうほ》より吉田兼見へ、三河国賀茂郡猿投《さなげ》大明神の祟りへの安鎮のことが問い合わされた。同二十四日、「サナキ大明神八三州賀茂郡之内歟、今度社頭之四壁之竹被堀（掘）之、後日以外相祟、殿下御親父三位法印五十九才、乱心違例也、仍安鎮之義被仰云々」と、秀次の父親が猿投大明神の祟りにあい、安鎮法（密教の秘法のひとつ。家の安穏を祈る）の修法が依頼された。吉房は、文禄二年（一五九三）には出家し、建性院日海と名乗っているが、右のことと関係するかもしれない（東京大学史料編纂所架蔵「兼見卿記」十八）。

吉房の晩年

同二年十二月十一日、尾張国内で一万二二〇〇石を加増されたが、同四年七月、秀次事件により所領を没収され、讃岐へ追放された。のち、許されて京へもどり、慶長五年

（一六〇〇）八月、本国寺（のち本圀寺）内に一音院《いちおんいん》を建立し、晩年を送った。天正十八年、本国寺の大客殿などを妻のともが建立しており、余生を静かに送る場所として選んだ可能性はたかい。没年については、慶長五年とするものがあるが、善正寺の位牌「健性院前三位法印日海　慶長十七年壬子八月二十五日　七十九歳」の方が蓋然性は高い（「京都坊目誌」、「東西歴覧記」）。

ともの晩年

母親のともも文禄二年に出家得度をし、瑞龍院日秀と称した。右にみた夫吉房のことと関連してのことだろう。

ともは、天正二十年（一五九二）九月九日に、二男秀勝を巨済島で亡くし、文禄四年四月十六日に三男秀保を、そしてその三ヵ月後には秀次を亡くしている。

文禄五年、前年七月に自害した秀次の菩提を弔うため京都堀川通竪門前町《ほりかわどおりたてもんぜんちょう》の西側に瑞龍寺を建立し、後陽成天皇よりつぎのように寺号を賜った（渡邊世祐『豊太閤の私的生活』）。

ひてつく（豊臣秀次）の御ふくろ（御袋）、寺かう（寺号）申さるゝにつきて、すいりう寺（瑞龍寺）になされ候よし申との
事にて候、このよし（由）つた（伝）へられ候へく候、　　かしく
御かつしき（喝食）の御中
　　申給へ

瑞龍寺

瑞龍寺は、江戸時代には住持に伏見宮家や摂関家から女性が入寺する尼寺となり、村

雲御所と呼ばれるようになった。徳川家光は寺領五〇〇石を寄進している。天明の大火で焼失したのち、天保年間に再建された。昭和三十八年（一九六三）、秀次ゆかりの地である八幡山（滋賀県近江八幡市）へ移築された。

ともの（日秀尼）は、寛永《かんえい》二年（一六二五）四月二十四日亡くなった。享年九十四の高齢であった（宮内庁書陵部所蔵「孝亮宿禰記」八）。

秀吉に振り回された人生

前章で述べたように、秀次事件では両親までを巻き込むことはしなかった。ともに齢六十を越えていたこともあり、何よりも秀吉実の姉であったからであろう。しかし、三人の子供を尋常ならざるかたちで失い、弟秀吉の死去後、豊臣家の興亡をめぐる十七年間を見送り、徳川の世となり豊国大明神社まで破却され、息子秀次に対する京童《きょうわらべ》の「殺生関白《せっしょうかんぱく》」が京洛に広がりゆくにつれ、万感の思いをこめ、ただひたすら忍従し、世間を憚っての晩年ではなかったか。わずかの期間とはいえ、大政所《おおまんどころ》であった彼女もまた、弟秀吉に振り回された一生であった。

三　二点の肖像画

京都地蔵院の肖像

豊臣秀次には二点の肖像画が遺されている。一点は京都地蔵院（京都市西京区山田北ノ

豊臣秀次像（地蔵院蔵）

町）に伝来したもので、賛がある。紙本着色。本紙は縦六五・〇×横三一・一センチ。痛みは激しいが、幸いにも顔などには及ばず、赤い唇が印象的である。冠をつけ束帯《そくたい》に太刀を佩《お》び、右手に笏を持ち、やや面長の容貌は、穏やかな青年武将の風貌をたたえているように見える。賛にはつぎのように記されている。

文禄四暦七月十五日

同示不悟
　東假図畫
　　海和尚之
　前関白高巖一峯御影

日附は、十五日のようにも見えるが判然としない。十五日とすれば切腹した日にあたり、死の直前に画かれたものとなろう。いずれにせよ死の直前か直後に描かれたものであり、秀次肖像画として信憑性は高いといえよう。

描かれた時期

この肖像画は、一九〇九年（明治四十二）一月、東京帝国大学史料編纂掛により模写されたものである。刊本では早く渡邊世祐『豊太閤の私的生活』（一九三九年）や『滋賀縣八幡町史』（上、一九四〇年）で写真を掲載している。その後、ほとんど顧みられることはなく、荒木六之助『関白秀次評伝』（一九八一年）で利用されたほか、利用されたことはない。なお、この肖像画が地蔵院へ伝来した事情については不明である。

京都瑞泉寺の肖像

いま一点は、先に秀次誕生のところで触れた京都瑞泉寺所蔵のもので、三幅対に秀次・妻子・侍女・側近の家臣五名を描いた画幅である。子供たちの髪型などから制作時期は十七世紀後半から十八世紀初頭に描かれたものと推定されている（黒田智「豊臣秀次・妻子像を読み解く」）。

秀次像形成に大きく関わる

豊臣秀次像（部分，瑞泉寺蔵）

上図は秀次の妻子・侍女・家臣を描いた三幅対の画幅の中央の一幅に描かれた秀次を拡大したものである．秀次像の下に切腹した五人の家臣が描かれている．左右には三条河原で殺された妻子や侍女たちが，それぞれ19名ずつ描かれている．

現在では瑞泉寺のこの秀次肖像画が一般的に知られ、展覧会など多くの図版などでも利用されている。冠に直衣《のうし》姿で、切れ長の目に鼻の下と顎に少し髭をたくわえた少し傲慢不遜な雰囲気をたたえたものである。揉上《もみあげ》が特徴的、やや釣りあがった両眼、固く結んだ唇がきつい印象を与えている。

作者がどのような意図で描いたものかわからないが、後世喧伝された「殺生関白」像に沿うような意図で画かれたものではないかと推察される。近世以降の秀次像形成に大きな役割を果たしたと思われる。

瑞泉寺は、慶長十六年（一六一一）、高瀬川の開削を請け負った京の豪商角倉了以《すみのくらりょうい》により建立された。了以の実弟で医師の吉田宗恂《そうじゅん》（一五五八～一六一〇）は秀次に仕えたが、事件への連座は免れたため、宗恂一周忌にあたり秀次の法名「瑞泉院」から名をとり、方広寺大仏殿の残木や聚楽第の旧材をもって建立された。瑞泉寺が建てられた場所は、三条河原の中州であったところで、高野川の工事中に「秀次悪逆塚」と刻まれた石が発見されたという話が伝わっている（『都名所図会』二）。

地蔵院と瑞泉寺のものとでは随分違った印象を与える。真贋は問わないが、賛のある地蔵院の肖像画が、秀次の姿に近いものではなかったかと考えている。

新発見の秀次供養塔

二〇一四年五月、京都市下京区貞安前之町《ていあんまえのちょう》の元大雲院墓地跡から大量の墓石などが発掘され、そのなかから秀次の供養塔が発見された。碑文を紹介するまえに、先に大雲院と秀次の関係について簡単に触れておきたい。

大雲院と秀次

大雲院は、天正七年（一五七九）の安土宗論の勝者であった浄土宗の僧貞安《ていあん》（一五三九〜一六一五）により開基された。貞安上人像の賛文によると秀次が大雲院を訪ね法義を聞いたのち、寺地を下賜したとしている。このことを裏付けることは難しいが、文禄四年八月二日、妻妾たちの処刑の場に立ち会っていることを勘案すると、秀次と貞安の接点は天正十年代からのものであったように思われる（『龍池山大雲院』）。

碑文

供養塔は方二三センチの鞍馬石につぎのように彫られていた（写真）。

文禄四年

禅昌院殿龍

新発見の豊臣秀次供養塔（京都市提供）

表12　豊臣秀次の法名

戒　　名	出　典	場　　所
前関白高厳一峯	秀次肖像画	京都，地蔵院
高厳寺殿　故関白／殿御事		『言経卿記』文禄4年9月4日条
禅昌院殿龍叟道意大居士	供養塔	京都，大雲院跡
善正寺殿高厳道意	宝篋印塔	高野山，光台院
善正寺殿前左相府高厳道意尊儀	秀次位牌	京都，善正寺
善正寺殿高岸道意	五輪塔	京都，善正寺
瑞泉寺殿高厳一峰道意		京都，瑞泉寺

叟道意大居士
七月十五日

高野山の光台院、京都の善正寺や瑞泉寺の法名より所縁につながる者の手による供養碑であり信憑性はたかく、僧貞安が密かに菩提を弔うべく造立したものではないかと思われる。

密かに弔う

最後に秀次の法名について触れておきたい。現在、秀次の位牌を安置する寺院によりそれぞれの法名が附けられている。新発見の大雲院墓地跡から発掘された供養塔のものを含め秀次の法名は表12のとおりである。

秀次の法名

七種類の戒名のうち六つに共通する文字は高巌《こうがん》である。また、道意は五つに共通する。善正寺・瑞泉寺・光台院のものは年次を経てからのものと推測されるが、新発見の大雲院墓地跡から発掘された供養塔は慶長十年代のものと推定されており、しかも秀次が寺域を寄進したゆかりもあり、貞安和尚が附けたものと思われ、秀次死後まもないうちに附けられた法名として考えるのが妥当のように思われる。

四　書物のなかの秀次像

殺生関白のイメージ

現在、『日本国語大辞典』では殺生関白を立項し、秀次の異称との説明をのせている。関白豊臣秀次イコール殺生関白のイメージの成立は、存外に早く十六世紀末期に遡及することができるようだ。

摂政関白から殺生関白へ

太田牛一《おおたぎゅういち》は、その著『大かうさまくんきのうち』（慶長十年ごろ成立）のなかで、正親町《おおぎまち》院崩御後の秀次の行状について京童の「ゐんの御しよたむけのためのかりなれは　これをせつせうくはんはくといふ」との落書《らくしょ》を取りあげている。事実ならば生前から摂政関白の音が通じることから殺生関白の異名が附けられていたことになる。

ルイス・フロイスによる秀次の最期について

ルイス・フロイスは、一五九五年十月二十日附でイエズス会総長クラウディオ・アクアヴィーヴァへ宛てた年報のなかで「関白殿（豊臣秀次）の最期の次第」を詳述し、八月二日のことにつき「太閤様の非道、凶暴、憤怒はここにおいて残酷さの極みに到達したように思われた。しかも、太閤様の憤りは留まるところを知らず、関白殿に関係したものは何にせよいっさいを絶滅しようとして、悪魔の仕業をこえて、すべて暴君の限度を知らなかった」と書き、彼女たちが投げ込まれた墓に「畜生、つまり裏切者の祠」と彫られた墓碑が建てられたことを報告している（松田毅一監訳『十六・七世紀イエズス会日本報告集』第Ⅰ期二）。

削られた二文字

秀次らの霊をまつる京都瑞泉寺の境内にある墓石には「文禄四年七月十五日　秀次□□塚」と彫られ、二文字削りとった痕跡があるとのことである。この二文字を何に比定するか速断はできないが、フロイスの報告は参考になる（中川龍晃『豊臣秀次公一族と瑞泉寺』一九九五年）。

『太閤記』の影響

この段階で、秀次の行状もさることながら秀吉のとった行動は「悪魔の仕業」以上のものであったが、江戸時代に入ると秀吉の行為は問われることはなく、秀次のみ殺生関白の異名をほこるかたちで秀次像が形成されていった。太田牛一の著作から二〇年後の寛永二年（一六二五）の自序をもつ小瀬甫庵《おぜほあん》の『太閤記』が出され、巻十七のなかで秀次の悪逆非道さゆえに没落する過程が詳しく記された。この『太閤記』が与えた影響は大きく、江戸時代に出版された読み物や史書にさえ影響を与えた。

林羅山《はやしらざん》著の『豊臣秀吉譜』（寛永十九年〈一六四二〉刊）、林道春《どうしゅん》（羅山）・春斎《しゅんさい》（鵞峰）の『本《ほん》朝通鑑《ちょうつがん》』（寛文十年〈一六七〇〉刊）、中井竹山《なかいちくざん》の『逸史《いっし》』（寛政十年〈一七九八〉刊）、頼山陽《らいさんよう》の『校刻日本外史』（文政十年〈一八二七〉）、飯田忠彦《いいだただひこ》『野史《やし》』（嘉永四年〈一八五一〉）など、官選の史書から稗《はい》史《し》にいたるまで『太閤記』の記述をもとに秀次の無道ぶりを強調しているが、かれの政権者としての顔に目を向けたものは見られない。

ただ一人、好学の大名として知られた肥前平戸藩主松浦静山《まつらせいざん》（一七六〇～一八四一）は、寛政四年（一七九二）、「瑞泉寺」の「略縁記」を見たことから、その著「甲子夜話《かっしやわ》」のなかで「新関（秀次のこと）は桀紂《けっちゅう》の如き独夫（夏の桀王と殷の紂王のことで暴君の代表）とも聞こへず、全く石田が讒佞と太閤の不明とに出るなるべし」と、冷静な見方をしている（東洋文庫『甲子夜話続篇』六）。

秀次の人物像は、国内のみならず早くヨーロッパ社会において紹介されている。同時代の宣教師たちの報告ばかりでなく、来日経験はないものの宣教師たちから聞いたり、書かれたものを情報源としてさまざまに紹介している。

ルイス・デ・グスマンの叙述

スペイン人で宣教師のルイス・デ・グスマンは「太閤様に子供が生まれその誕生祝を盛大に行った事及び日本君主国を己の掌中に収める計画を立て……然るに子供としながら高位につかせて一年経つか経たぬ内に廃嫡せんとしてゐる事は非常に悲しませる因となった」と、秀頼誕生後の秀次のおかれた状況を的確に叙述している。グスマンは、慶長十年（一六〇五）に死去していることから、国内の政情が詳しく報じられていたことに驚かされる（新井トシ訳『グスマン東方伝道史』下、養徳社、一九四五年）。

歪められた秀次像

オランダ人で牧師のアーノルド・モンタヌスは、イエズス会士の厖大な書翰や記録に基づき、一六六九年（寛文九）、アムステルダムにおいて『モンタヌス日本誌』を刊行した。そのなかでかなり歪められた秀次像をつぎのように紹介している（和田萬吉訳『モンタヌス日本誌』丙午出版社、一九二五年）。

彼の最大の娯楽は人の屠殺場に於て人を殺すことなり。彼は此屠殺場を宮殿附近の或地域に於て開きたる中庭の中央に作り、壁を以て囲み、白砂を敷き、一脚の卓子を置けり……然るに男子にては残忍性を満足せしめ得ざる時あり……蓋し如何なる虐政者の行ひたる処刑といふとも、彼の所為に過ぎたるは無し。以て残忍なる屠殺者の王と称すべし

と、「屠殺者の王」とまで形容されるに至ったのである。日本人でここまで汚名を喧伝された人物はいないだろう。六十年余のあいだに日本国内の前政権の人物評についての詳しい情報が伝えられたのであるが、このことはとりもなおさず『太閤記』の叙述が広く受容されていたことの傍証となるだろう。

近代の秀次像

近代に入ってからも基本的には変わらず、開化期、日本史を叙述したもので最初に秀次に言及したのは『日本西教史』であった。本書は、フランス人イエズス会士ジャン＝クラッセが一六八九年に著した『日本教会史』の翻訳版で、つぎのように書いている。

「関白ハ天心アル者ノ絶ヘテ為スニ忍ヒサル奇異非常ノ一大不徳アルヲ以テ是等ノ善行ハ都《すべ》テ謂フニ足ラサルナリ、此ノ不徳ハ何ソヤ、人ヲ殺スヲ嗜シム野蛮ノ醜行アリテ、

之ヲ以テ無上ノ楽トナシ、若シ罪人ノ死ニ処セラル、アレハ自ラ劊手《かいしゅ》（首斬り役）ノ事ヲ行フヲ常トセリ」と、秀次＝異常性格者の烙印を押したのである。「是等ノ善行」とは、前段で文事を好み、博識の人と交流を持っていたことなどを指している（「内閣書記官室記録課版『訂正増補日本西教史』上巻、博聞社、一八九四年）。

戦前の秀次像

戦前、国民の歴史意識の形成に大きな影響力を与えた徳富《とくとみ》蘇《そ》峰《ほう》は『近世日本国民史』の『朝鮮役下巻』第六章より八章にかけ、秀次論を展開している。「二八　秀次の濫行」「三〇　大暴れ以前の平静」「三五　秀次眷属の屠殺」「三八　秀次の罪名」など、各節のタイトルを見るだけでも、悪意ではないにせよ、興味をそそる趣向で叙述されていることが窺われる。秀次＝殺生関白説を決定づけたといえる。

　このような秀次像形成のなかにあって、はやく岡田正之は「余は本日主として秀次の文学上に於ける美蹟を述べんと欲する者なるが、先づ其謀叛の冤罪なるを弁じ、併て其素行は世人の言ひ伝ふる如く甚しからざるを述べ」ると、『日本西教史』での記述に対し初めて秀次弁護を展開した。十九世紀末期ということを念頭におけば、秀次を真正面から取りあげ、歪められた俗説を排し、評価すべきところを文学上の営為に求めようとしたところは画期的なものと言える（「豊臣秀次の事に就きて」）。

戦後の秀次像

　しかし、秀次の人間像の叙述あるいは描写という点においては、戦後の研究史上の取り扱いも以前とほとんどかわることはなかった。秀次の八幡山城主時代、清須城主時代そして関白就任後と、時代を画して検討しても、彼自身の生身のからだから発せられた言葉はほとんど聞こえてこない。戦の場における獅子奮迅の活躍もなければ、一領主として領地支配に専念した形跡もなく、といって秀吉の影法師的役割を果たせたわけでもなく、至って凡庸なる青年にすぎなかった。

秀頼誕生によって狂いだす人生

関白職への就任、豊臣家の家督相続、お拾（秀頼）の誕生という過程を経ることにより、青年秀次の人生は大きく狂いだしたようである。さまざまな人物評はみられるが、結局お拾の誕生が秀次の人生の岐路となったことは確実である。お拾の誕生後の秀次の日常は、自分がいつかは禅譲を迫られるか、それとも力尽くで追い出されるか、このことのみで鬱屈の毎日となったように考えられる。そのはけ口が、さまざまに酷評される行為となったのであろうか。ただし、このことは日本側史料では全く確認されていないことを付け加えておきたい。

五　創られた秀次像

秀次限定の攻撃

前節では書物のなかでの秀次像の叙述のされ方をみてきたが、江戸時代、徳川の世になって、なぜ秀次のみ、かように悪しざまに描かれなければならなかったのだろうか。武力をもって攻め滅ぼした豊臣氏の、二代目秀次のみ、人身攻撃にも似た論断をくださねばならなかったのはなぜだろうか。本人の行状にのみ帰する以外の問題があるのではないか。

秀次附武将の家譜

ところで、秀次附武将たちの家譜は奇妙なところで一致している。秀吉より秀次に附属されたことを隠している。幕府官選の『寛政重修諸家譜』（文化九年〈一八一二〉成立）には、早く改易となった中村一氏《なかむらかずうじ》以外の家譜が収められている。池田照《いけだてる》（輝）政《まさ》・山内一豊《やまうちかずとよ》・堀尾吉晴《ほりおよしはる》・一柳直盛《ひとつやなぎなおもり》の家譜の記述のなかで、天正十八年（一五九〇）から文禄四年（一五九五）の記載がなく、年寄格の田中吉政《たなかよしまさ》は「三好孫七郎秀次に属し、五千石を知行す。秀次生害の、ち太閤につかへ、天正十六年三月十七日従五位下兵部大輔に叙任し、十八年十月二十日三河国岡崎城をあたへられ」と、秀次との関係を天正十六年以前におくなど、故意に事実を曲げている。田中吉政の家系は、元和《げんな》六年（一六二〇）八月七日、子の忠政《ただまさ》が亡くなり直系は絶え、吉政長男の吉次《よしつぐ》の子吉勝《よしかつ》および三男吉興《よしおき》が旗本として名跡を相続していた。家譜編纂のとき、先祖の吉政が秀次に仕えた事実を憚る必然性はなかったと思われるが、何らかの事情で精確な記述を避けたように思われる。

徳永寿昌の例外

ただ一人例外は、徳永寿昌《とくながながまさ》である。「秀次に附属せられて尾張国丹羽郡、美濃国松木嶋の内にをいて二万石をあたへられ、美濃国高松城に住」んだとの記述をしている。これは徳永の人物像を反映したもので、天正十九年（一五九一）秋ごろ、伊達政宗が重臣中島《なかじま》伊勢守宗求《むねもと》へ送った長文の書状のなかで徳永についてつぎのように書き留めている（『伊達家文書』二）。

……中様《（秀次）》御てまへにて、ない〳〵ハならひなきしゆつとう人《（出頭人）》ニ候、又くハんはく様《（関白）》御まへにても、ちき〳〵物を申人ニ候……

と、秀吉へ直言できるような人物であったがゆえに、後世においても秀次との関係を明確にすることに憚ることはしなかったのだろう。

秀次に仕えたことを憚る理由

　しかし、秀次の時代より二一〇年余経ち、豊臣氏とのことを取り沙汰する時代ではなかったにもかかわらず、なぜ秀次に仕えたことを表沙汰にすることが憚られたのであろうか。秀次重臣であった木村《きむら》常陸介重茲《しげこれ》の家臣で、落人として丹後国と但馬国境の山奥（現京都府）に隠れ住んだ某氏などは、秀次からすれば陪臣にすぎなかったが、秀次重臣の家臣であったというだけで世を逼塞して送らねばならなかった雰囲気が醸成されていたのであろうか。ただ、秀次家臣への落人狩的な行為はなかったようである。

　江戸時代、先祖が豊臣秀次に仕えていたことが知られると具合が悪いと思われる社会ができあがっていたように推察されるが、このあたりの事情を推測しておきたい。

家康と秀吉の関係

徳川家康も、形式的には秀吉に臣従化したことは紛れもない事実である。天正十八年八月、関東移封の朱印状などは残されていないが、翌年四月二十三日、近江で宛行った在京賄料《ざいきょうまかないりょう》地九万石の領地目録の写は伝来しており、家康は秀吉から領地を宛行われる立場であったことを確認することができる（「大谷雅彦氏所蔵文書」）。

悪役として引き出される秀次

家康ですら太閤秀吉に臣従化していた事実は、江戸時代をとおして無視されることはなかった。このことは徳川恩顧の譜代大名家でさえ、伝来した将軍家領地宛行状とともに、太閤朱印状をも手厚く保存伝来している場合が多い。まして外様大名家などには、数多くの太閤朱印状が重宝として保存されている。天下が徳川氏に移行しても、太閤秀吉への直截的な批判ができない雰囲気のなかで、その悪役的立場に引き出されたのが秀次であったのではないだろうか。一時期であれ、神君家康ですら秀吉に臣従したのである。その秀吉に対する批判などの鉾先が凝縮され、増幅されるかたちで、秀次に向けられたものと考えられる。

「山城の国畜生塚」

十八世紀中期、かつて幕藩体制社会の転換期とも議論され、百姓一揆などが高まりつつあった宝暦《ほうれき》十三年（一七六三）四月十三日、大坂の竹本座で近松半二《ちかまつはんじ》・竹本三郎兵衛《たけもとさぶろべえ》による浄瑠璃「山城の国畜生塚」が上演されたことは興味深い。もちろん、内容は秀次事件を扱ったものではなく、『太閤記』を題材にした異国種の謀叛人劇だが、秀吉が真柴久吉、秀次が久次で登場するなど、瑞泉寺に祀られた供養塔が畜生塚として広く受け入れられていた証左である。作者近松半二には、由来を知ったうえでの命名であろう（叢書江戸文庫14『近松半二浄瑠璃集［1］』国書刊行会、一九八七年）。

「恨の介」

秀次像形成について今一点触れておかねばならないことがある。仮名草子で慶長十四年（一六〇九）以後の成立と指摘される「恨の介」（作者不詳）の出版がある。同九年六月十日、清水寺の万燈会《まんどうえ》に関東の武士で好色の葛《くず》の恨《うらみ》の介《すけ》が、近衛家の養女、実は秀次の家老木村常陸介の遺児雪の前を見そめ、つてを得て恋文を送る悲恋物語だが、好色の武士、関白の養女、木村常陸介の遺児など、秀次事件を意識して書かれたようなもので版を重ねており人口に膾炙《かいしゃ》したことは確実であり、秀次生前の姿を決定づけた可能性はある（『日本古典文学大系『仮名草子集』）。

「畜生塚」「悪逆塚」

右のことと関連して秀次および妻子たちの墓を後世「畜生塚」「悪逆塚」などと呼ぶようになったことについて言及しておきたい。一体「畜生塚」にせよ「悪逆塚」にせよ、人を葬った塚の碑文としてはあるまじきものであろう。この両文言は、『日本国語大辞典』にも立項され、「殺生関白」とともに秀次の代名詞化している。

安永《あんえい》九年（一七八〇）、秋里籬島《あきざとりとう》により刊行された『都名所図会《みやこめいしょずえ》』巻一の瑞泉寺の記述のなかに「其後塚を築て上に截石《きりいし》あり、銘に曰、秀次悪逆塚　文禄四年七月十五日と書す……世に畜生塚といふハ非なり」とあるが、実は当初「畜生塚」と記されていた可能性が高い。近世初期のものと推察される「関白殿物語」、寛永三年（一六二六）ころ成立と考えられている大久保彦左衛門《おおくぼひこざえもん》の『三河物語』、明暦《めいれき》四年（一六五八）七月の中川喜雲《なかがわきうん》の「京雀」、松平忠冬《まつだいらただふゆ》の日記で林鵞峰《はやしがほう》が序文を寄せて寛文《かんぶん》三年（一六六三）に刊行された『家忠日記増補追加』、同五年十月の松野元敬《まつのもとたか》「扶桑京華志《ふそうけいかし》」など、十七世紀の著作物や地誌類は、「畜生塚」として記述している。これに対し「悪逆塚」は、明和《めいわ》五年（一七六八）の序文をもつ上田秋成《うえだあきなり》の『雨月物語』のなかに「悪逆塚」が描かれているのが早い事例である（『上田秋成全集』七、中央公論社、一九九〇年）。

「畜生塚」の由来

確証は得ないが、秀次は一の台の連れ子であったおみやをも猟色の対象としたとのことで、これはいかに戦国の余燼消えやらぬ時代であれ、許しがたい畜生道の行為としてみられたため、その結果としてすなわち「畜生塚」と刻まれたのではなかろうか（岡田正之「豊臣秀次の事に就きて」）。

真の悪逆

十八世紀以降、「殺生関白」のイメージから悪政を行ったようなイメージに転化し「悪逆塚」となったのではないかと推察する。しかし、罪もない女、子供三十数名をも処刑した、秀吉あるいは政権側の行為こそ真の悪逆非道であったといえよう。

むすびに

秀次の足跡

最後に豊臣秀次の人生を振り返り、かれの残した足跡と豊臣政権上の位置づけなどを整理しておきたい。

子供のときから叔父秀吉の政略のため最初は宮部継潤《みやべけいじゅん》へ、二度目は三好康長《みよしやすなが》のもとへ養子に出され、天正《てんしょう》十三年（一五八五）の四国攻めの前には三好氏から離れ、羽柴孫七郎として秀吉の麾下に属するようになり、このときの論功行賞として一躍近江で四十万石を宛行《あてが》われ、八幡山城主となった。その後の秀次の動きは、秀吉の天下一統の流れのなかにおかれ、秀吉が戦のため畿内をはなれるとき、聚楽第で留守をまもるようになった。天正十八年七月、尾張国清須へ転封となって以降も、尾張の支配は父親の三好吉房《みよしよしふさ》へ任せ、自らは聚楽第にいることが多かった。

このような状況に変更を余儀なくさせたのは、秀吉の弟秀長《ひでなが》の病気と死去という現実であった。秀長にかわり北条攻め、ついで奥羽仕置に従軍せざるをえなくなった。しかのみならず、天正十七年五月二十七日に生まれた、秀吉鶴首の実子、鶴松が二年後の八月五日に亡くなり、俄然豊臣の家督と関白職の譲渡問題が浮上し、そこに引き出されたのが秀次であった。

三度目の養子

三度目の養家先として秀吉に迎えられたのである。このように見てくると秀次の意思とは関係なく叔父秀吉の意のままに操られていた観すらあり、十六世紀後期とはいえ、一青年の人生を考えるとき、自らの意思を表現できなかったものかと怪訝に思われるところもある。

関白就任後の秀次は、叔父秀吉の忠言を守り、禁裏社会のなかでうまくやっていたように思われるが、やはり関白という最高職に就いたがために行使できる発言に自己自身が陥る危険性を理解できなかった。第七で触れたが、室町将軍発給文書として定型化していた公帖《こうじょう》の文言を改変したことの影響を考える余裕すら持たなかったように思われる。むしろ、変えることにより自己の立場を表明したかのようにも思われる。

また、文禄《ぶんろく》二年（一五九三）正月、名護屋在陣中の秀吉の命により勅使二名を伴い名護屋へ下向しようとした前田玄以《まえだげんい》を止めたことも、あと先を考えてのこととは思われない。

公家社会へ学問の奨励を命じたまではよかったが、同四年三月、謡抄の注釈書の編纂を自らの発意ではじめ、公家や桑門の人々を宰領するようになるに及んで政権側に危機感を募らせるようになったのではないかと思われる。

お拾誕生と前途への不安

顧みればいささか自己の行動に慎重さを欠くところがあった。とりわけ、お拾《ひろい》誕生後、自己の前途に不安を抱きはじめた形跡は、その後の日々の暮らしより窺うことができる。秀吉から秀次への急接近は、だれが見ようとも秀次に関白職の禅譲を求めていたことは明らかであった。このとき、何らかの対応が見られれば、妻子をも巻き込むかたちの悲惨な結末には至らなかったであろう。

心の平穏と静養を求めてと思われる伊豆国熱海への湯治は、あまり効果がなかったように思われる。それどころか、熱海湯治の帰途、をこゝという二十前後の女性を伴い帰京したのは問題である。彼女も当然のことながら、同じ運命をたどることとなった。この女性については、記録により生国や名前・年齢の異同が見られるが、少なくとも湯治静養での行為としては禍根を残すものであった。

一方、秀次はキリスト教を信仰していたのではないかという議論も見られるが、何ら積極的な根拠はなく、宣教師たちへ好意的に接触していた程度ではないかと推測する。

秀次に名伯楽なし

かれの個人的資質はさておき、秀次には名伯楽がいなかった、あるいは附けられなかったことがもっとも大きな問題であり秀吉の過失であろう。秀次へ附けられた田中吉《たなかよし》政《まさ》・池田照《いけだてる》（輝）政《まさ》・山内一豊《やまうちかずとよ》・中村一氏《なかむらかずうじ》・堀尾吉晴《ほりおよしはる》などは、池田を除けば秀吉取り立ての新興大名であり、秀次に武家の当主としての嗜みを説ける器量は持ちあわせていなかった。まして、秀次側近くに仕える人材に問題があったように思われる。要は秀吉をもってしても人材を得られず、豊臣家を任すための指南をできる人材を用意できなかったのである。

秀吉鶴松へ関白職を譲らんとする

ところで、秀吉が関白職を秀次へ譲った理由のひとつとして、翌年に予定していた朝鮮出兵のため京都を離れざるをえなかったことが考えられてきたが、はたしてそうなのであろうか。南都春日社の正預祐父《せいよすけのり》の日記にはつぎのように見える（東京大学史料編纂所架蔵「天正十八年正預祐父自記」）。

前関白秀吉摂政大政大臣息二歳也、去年十二月一日
関白殿
可有譲与之旨雖治定、幻（幼）少之関白不可然、□□□
申上訖、為延引如元秀吉公摎関也

とあり、秀吉は当歳の鶴松に関白職を譲ろうとしたものの、幼少どころか四ヵ月の乳児に譲ることの非なることを窘《たしな》められたため、思いとどまったように思われる。しかし、このことは関白職移譲が朝鮮出兵と関わるものではなかったことを推測させる。むしろ、鶴松誕生後、秀吉は我が子へ譲るつもりで、豊臣氏による関白職の占有化をめざしたものではなかっただろうか。

結果として、同十九年八月、鶴松が亡くなった後、秀次は豊臣秀吉の養子に迎え入れ

られ、十二月二十八日には関白職をも相続することになった。本人が意識もしていなかったであろう最高位の職についたものの、その実、秀吉の操り人形的なところもあり、秀次が憤懣を募らせていったことは否めず、そこへ秀頼誕生という現実にさらされ、両者のあいだは徐々に齟齬をきたすようになり、衝撃的な結末を迎えたことは既述のとおりである。

さて、一九六〇年代以降の豊臣政権論では、関白職を受け継いだ秀次と太閤として実権を掌握したままであった秀吉との関係について、大きな関心が払われてきたといってよい。豊臣政権における秀次の政治的役割について積極的に論じた朝尾直弘氏は、実質的な政治権力は太閤秀吉のもとに集中してはいるものの、「太閤の意志は無制限に貫徹されたのでもなく」、用件によっては関白秀次の同意を得たうえで処置される場合があったことを明らかにされたのである（「豊臣政権論」岩波講座『日本歴史』近世1、岩波書店、一九六三年）。

従来、「関白」そのものが持つ理念あるいは権能について議論されることはなかった。また、天正十三年七月、秀吉が武家として初めて関白の要職についたものの、関白職そのものがもつ歴史的意味について言及されることはなかった。同十九年十二月、秀吉より関白職を継職することにより本人が自覚するとしまいが、関白職が独自に機能した事例として蒲生《がもう》遺領問題を取りあげたのである。

その後、豊臣政権論を展開したなかで、朝尾氏は政権を三期に分け、秀次が関白職にあった時期を政権の第三期とし、豊臣家中心に政権構想を描く〈集権派〉グループと、他の大名たちの自主性を認め、また関白というような古い形式なり権威を比較的認める方向で国家権力を構想しようとする〈分権派〉グループにより、前者が太閤権力、後者が秀次の関白権力という形で、二重権力のようになっていたと、指摘している（「豊臣政権論」シンポジウム日本歴史10『織豊政権』学生社、一九七二年）。

聚楽＝秀次政権論

つぎに、政権論として発展させたのは三鬼清一郎氏であった。初めて聚楽＝秀次政権の性格として秀次を独立した政治権者とし、関白と太閤の問題を直接的に論じたのである。少しく長くなるが重要な論点ゆえにつぎに掲げてみたい（「人掃令をめぐって」『名古屋大学日本史論集』下巻、吉川弘文館、一九七五年）。

秀吉の統一的封建国家体制を樹立する構想は、このような関白権力を前提としていた。それは、秀吉を頂点とする封建的ヒエラルヒーにおいて、全国的な統治権にかかわる事項は、もはや秀次の手に委ねられており、単なる力関係の上下や、ともに集権化をめざす二つの勢力として把握することはできないことを意味している。

つまり、この段階における豊臣政権は、太閤と関白という地位・機能を異にする二つの権力によって構成されており、このような構成を欠いては、ヒエラルヒーの存立も不可能となるような特質を備えていたのである。

聚楽＝秀次政権は、豊臣政権の内部にあって、これを国家として結合づける核のような存在であった。国郡制的な統治原理は、石高制に基礎を置く封建的知行関係とは異質のものであるが、異質性を含んでいるが故に、封建的な国家体制にとって不可欠のものであった。さらにいうならば、朝鮮出兵による全国的規模の大動員は、このような統一的国家体制の確立をはかるための契機になったとも考えられるのである。

と、秀次政権の豊臣政権内における存在意義を説明されたのである。

国郡制的統治原理

一九六〇～七〇年代、日本近世史をリードした両氏の理解ではあるが、関白という律令官制最高位の職に引き寄せられすぎのきらいがある。関白政権という歴史学用語に研究者自身が蠱惑《こわく》された観がある。関白政権による国郡制的統治原理を提起するならば、まず、元慶《がんぎょう》八年（八八四）、光孝天皇が陽成天皇の摂政であった藤原基経《もとつね》をその任に附けて以来とする関白の権能について歴史的変遷を逐っての検討のうえで当該期の武家関白の位置づけが必要ではないだろうか。

太閤秀吉と関白秀次の両者の関係をいかに整合的に理解するかという課題のまえに、

秀次が実際に担った朝鮮出兵にともなう交通や流通支配などを右のように評価してきたのだが、実際のところは両者で分担していただけではないだろうか。

秀次二十八歳の人生を顧みるとき、操り人形のごとく操られていたとはいえ、秀次なりに公家たちへの学問の奨励をとおして自らも漢和聯句などに関心を見出し、また古典の蒐集などへも関心を示し、それが軌道に乗りはじめたと思う矢先に降って湧いたような事件に巻き込まれたのである。謡抄注釈書の編纂の完成を目前にしての失脚、文禄勅版への関与も予想されるだけに志半ばにして汚名を着せられたまま葬り去られたことは無念であったろう。

黒田如水、長政へ訓戒す

秀次「謀叛」は、当時から使われているが、私はあえてそのような立場はとらない。黒田如水《くろだじょすい》が朝鮮への渡海を勧めたが拒絶するなど、秀吉が日夜苦慮しているのを尻目に安閑と暮らしていたなど、当該期の政情を看過しすぎたというような見方もあるようだが、秀次には当初からそのような役割を負託されていたとは考えられない。

文禄二年八月、秀吉の勘気を蒙った黒田如水は、家督を譲った長政へ対し遺言のような覚書を与え、「無器用」者の非なること、諸事「堪忍ノ分別」が第一であることを説いている。このふたつの言葉こそ、当該期の武士社会を生きていくうえで重要な処世の術であり、秀次に最も求められたものであったように思われる（福岡美術館編『黒田家文書』

二）。

すでに見てきたように、小牧長久手での失態に対する譴責、北条攻めに際して与えた覚書、関白職就任に対して与えた戒めなどを勘案するとき、十六世紀末期の政治社会の大きな変革のうねりが、まだ収まりきらない状況のなかで、政権を託せるような「器用」さを持ち合わせた人物であったようには思われない。にもかかわらず、秀吉のまわりには人材がいなかった。天下人秀吉をもってしてもこのことばかりは如何《いかん》ともしがたかった。甥っ子秀次を一軍の将として、豊臣氏の後事を託せる人物として訓育しきれなかったところに秀吉の限界があったのかもしれない。

秀次の器量と人柄

秀次は生前から悪者に仕立てられてきたきらいがある。本人の行状に帰するところもあるが、秀次が書き残した書状には世評とは別の細やかなる心を持ち合わせた青年の一面をのぞかせている。四点紹介しよう。

天正二十年（一五九二）七月、秀吉が名護屋在陣中、母親の大政所の病が重くなったとき、亨徳院《こうとくいん》（曲直瀬正盛《まなせまさもり》）や祐乗坊《ゆうじょうぼう》などの医者に手当てさせたが本復の見込みは不明なので先年の吉例にまかせ祈禱立願させていることを秀吉側近の木下吉隆へ申し入れている（「京都大学総合博物館所蔵文書」）。

秀次、秀吉夫妻を饗応する

文禄三年（一五九四）十月、秀次が秀吉夫妻を聚楽第に招き一宴を催したとき、北政所をもてなすため秀次の妻（政所）へ手ほどきしてくれるよう、北政所附侍女のこやへ懇願している。「そもし様御越なく候ハヽ、此方《こなた》何ともなり申ましく候、せひ〳〵御越候てくたされ候」と、北政所をもてなすための知恵を妻に授けてほしいと頼んでいる。叔父への気遣いであるとともに妻に恥をかかせまいとの必至の願いであったように思われる（「大阪城天守閣所蔵文書」）。

また、同四年二月十八日、秀次家臣の粟野《あわの》杢頭《もくのかみ》と志水善三郎は連署で浅野長吉へ書状を送り「太閤様明日貴殿所へ御成之由、被及聞食候、珍重ニ思召候、御用意成申候哉、為御見舞、国友久作方被差遣候」と、秀吉の浅野邸への御成に対し準備ができているか心配し使いを遣わしている。蒲生一件のあとのことであり、叔父の動きが一入《ひとしお》気がかりになったのかもしれない（「上山家文書」）。同三年のころと思われる月日も未詳だが右筆の

自筆書状

駒井重勝へ宛てた自筆書状には、

大閤様御たきひの用ニ候ゑの木、よきころニ切候而火の上ニをき、ふすへ候て、よくもへ候様ニ申付ておくへく候、たきひの間にて御りやうなとあそはし用ニ候

と、秀吉が猟をするので焚き火のための榎木を用意することを命じたものである。不出来の甥子が叔父へ何とか気に入られようとの思いが伝わってくるようである（『侯爵前田利為氏売品目録』）。

叔父秀吉の目には、何ひとつ満足できるところはない困った甥っ子であったが、つぎの歌は秀次なりに叔父の言いつけどおり禁裏守衛を勤めていたことを窺わせるものとして、あえて筆者は歌の善し悪しはともかくもとして紹介しておきたい（東京大学史料編纂所架蔵「中村不能斎採集文書」十）。

夢かとよまたあふこともかしはきの　もりてやきかん露の一ふく

柏木の一首

最後に贅言を許されるならば、秀次を葬り去ることにより一番の痛手を蒙ったのは、ほかでもなく秀吉自身であったと商量するものである。秀次とその妻女たちを葬りさって一ヵ月余りを経た、九月十二日、東山大仏殿で千僧会《せんそうえ》が命じられたことは、秀次事件と無縁ではなかろう（『東寺古文書聚英』）。

略系図

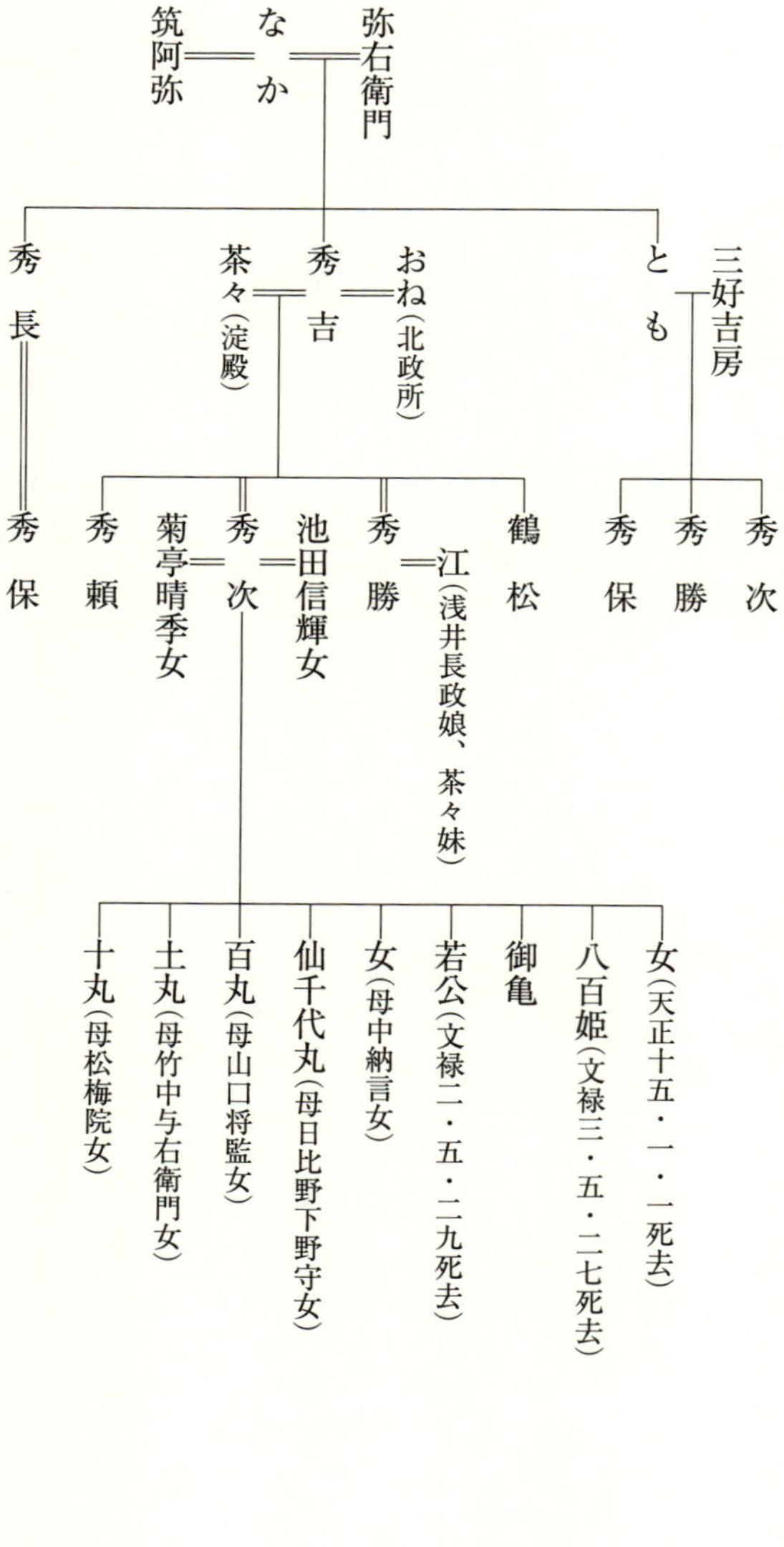

弥右衛門
なか
筑阿弥
秀長
秀吉
おね（北政所）
茶々（淀殿）
とも
三好吉房
秀保
秀頼
菊亭晴季女
秀次
池田信輝女
秀勝
江（浅井長政娘、茶々妹）
鶴松
秀保
秀勝
秀次
十丸（母松梅院女）
土丸（母竹中与右衛門女）
百丸（母山口将監女）
仙千代丸（母日比野下野守女）
女（母中納言女）
若公（文禄二・五・二九死去）
御亀
八百姫（文禄三・五・二七死去）
女（天正十五・一・一死去）

略年譜

年次	西暦	年齢	事蹟	参考事項
天文 三	一五三四		秀次母とも（秀吉姉）生る、またこの年、秀次父三好吉房も生る	
六	一五三七			二月六日、秀吉生る
一二	一五四三			正月二日、秀吉父、木下弥右衛門死去○この年、秀吉妹、旭姫生る
永禄 六	一五六三			この年、ルイス・フロイス来日
一一	一五六八	一	この年、生る（父は三好吉房、母は秀吉実姉とも）	
一二	一五六九			秀次弟、小吉秀勝生る
天正 七	一五七九			秀次弟、秀保生る
一〇	一五八二	一五	一〇月、根来攻めに浅野長吉・三好康長らとともに参陣す	六月二日、本能寺の変
一一	一五八三	一六	二月、伊勢の瀧川一益を攻略のため近江へ出陣○四月、賤ケ岳の合戦へ参陣○五月二五日、秀吉より兵庫の政道を命じられる	四月二一日、秀吉、賤ケ岳の合戦で柴田勝家を破る○同二四日、柴田勝家、越前北荘城で自刃○九月一日、大坂城普請始まる

天正一二	一五八四	一七	三月、小牧攻めのため出陣○四月九日、秀次に附けられた池田恒興・森長可などを失う○同一一日、大垣へ退き、以後六月下旬まで大垣へ在陣○九月、秀吉から叱責を受ける○年末、大坂へ戻る	三月二八日、小牧の戦い○一一月一二日、秀吉、徳川家康・織田信雄と講和を結ぶ
一三	一五八五	一八	三月上旬、紀伊攻めに参陣○六月二〇日、秀長とともに四国攻めに参陣○七月八日、阿波国勝浦郡へ入り、丈六寺へ禁制を発給する○閏八月二一日、近江で四三万石を宛行われ、八幡山城主となる○この月、知行宛行状五通を発給○一〇月一日、近江の諸職人へ諸役免除す○同六日、少将に任ぜられる○一一月三日、本願寺へ近江の道場坊主の諸役を免除する○同九日、柳生宗厳へ知行一〇〇石を宛行う○一二月二一日、大坂城で小早川隆景らの登城の奏者をつとめる	七月一一日、秀吉、従一位関白に叙任される○同二五日、長宗我部元親降伏、四国平定○九月九日、秀吉、豊臣姓を賜う○一二月一〇日、羽柴秀勝（御次）死去
一四	一五八六	一九	正月九日、秀長の居城郡山へ下向○六月、八幡山下町中へ一三ヵ条の定書を発給す○一一月五日、秀吉の参内に扈従○同七日、従四位下参議に叙任される	二月二三日、聚楽第普請のための縄打ちを実施○五月一四日、秀吉、実妹旭姫を家康へ嫁がせる○一二月一九日、秀吉、太政大臣に補任される
一五	一五八七	二〇	正月一〇日頃、大和へ赴く○三月二日以降七月上旬まで在京○三月一〇日、吉田兼見へ二十一代集の借用を申し入れる○七月八日、禁中にて踊る○	三月一日、秀吉、九州平定のため出陣○六月一九日、キリシタン禁令を出す

			同二五日、二十一代集の書写を公家衆へ申し入れる○同二九日、秀吉とともに参内○八月一五日、禁裏へ太刀を進上○九月一三日、秀吉の聚楽第移徙に際し黄金一〇枚を献上す○一〇月一日、北野大茶湯を秀長とともに見物○この年、従三位権中納言に叙任される(以後、近江中納言と称される)	
一六	一五八八	二一	四月一四日、後陽成天皇聚楽行幸へ供奉し、翌日秀吉へ臣従の誓紙に連署す○五月五日、秀吉より内裏守護を命じられる	七月八日、秀吉、刀狩令と海賊禁止令を出す
一七	一五八九	二二	二月二三日、新陰流伝授につき起請文を書く○一〇月一七日、秀吉・宇喜多秀家等とともに郡山へ行く	五月二七日、淀殿、淀城にて男子(鶴松)を生む
一八	一五九〇	二三	二月下旬、北条攻めに出陣○三月初旬、駿河三枚橋付近に在陣○七月一三日、秀吉、秀次へ尾張と伊勢の一部を宛行う○八月一日、会津黒川へ到着し、奥羽仕置に着手○八月下旬、尾張へ帰国	正月一四日、秀吉実妹(旭姫)、聚楽第にて死去○三月一日、秀吉、北条攻めのため出陣○七月五日、北条氏直降伏
一九	一五九一	二四	正月一四日、武蔵国府中で徳川家康と会見後、いったん清須へ帰る○六月二〇日、秀吉は九戸政実の反乱の鎮圧に秀次を大将として徳川家康・上杉景勝らを派遣する○同二三日、家臣団へ七ヵ条の法度を出す○七月一〇日、出陣する○八月二日、	正月二二日、秀長死去○二月、九戸政実蜂起○八月五日、鶴松死去○同二一日、秀吉、身分法令を出す○九月四日、九戸政実の乱鎮圧

下野国大田原へ着陣○同六日、陸奥国二本松へ着陣し、蒲生氏郷・伊達政宗と会見する○同二〇日、一柳直盛へ陸奥国での検地を命じる○一〇月初め、山形の最上義光を訪ねる○同一九日、宇都宮へ戻り、足利学校の庠主三要元佶を謁見する○一一月、清須へ凱旋し、下旬に上洛○同二七日、秀吉、家督を秀次へ譲り、翌二八日、権大納言へ昇る○一二月四日、正二位内大臣へ昇る○同二八日、関白へ昇進し、豊氏長者となる

文禄元	一五九二	二五	元日、参内○六日、諸家の礼を受ける○同二九日、左大臣をかねる○三月二六日、秀吉、秀次へ瓢箪の指物を譲る○四月七日、大仏殿へ参詣○同九日、風信帖を切りとらせる○同一五日、前田玄以宅へ御成○同日、公帖文言の改変を命じる○五月六日、参内する○同一〇日、宇治へ御成○同五月一七日、従一位へ昇る○七月一日、参内する○この月、京都五山の位次を裁定○九月一八日、秀吉とともに参内○同二〇日、女子誕生○同二九日、大坂へ下向○一〇月一二日、父親見舞のため清須へ下向し、二二日帰洛する○同二九日、有馬湯治へ出発、一一月一四日以前に帰洛○一二月一七日以降、月末	正月五日、秀吉、諸大名へ朝鮮出兵を命ず○同二六日、後陽成天皇、聚楽第へ行幸○三月二六日、秀吉出陣す○七月二二日、秀吉母（大政所）死去○九月九日、小吉秀勝、朝鮮唐島（巨済島）で病死

			にかけ不例○この月、京都五山に学問奨励の仰せ	
二	一五九三	二六	正月六日、聚楽第において秀次へ諸家年頭の御礼○二月四日、禁裏および公家衆へ学文の奨励を命ず○同一七日、八瀬大原で御猟○同二九日、北野西の野辺にて弓○三月一七日、野遊○同二二日、醍醐へ渡御○同二五日、鷹山○四月一日、男子誕生○同日、参内○同二六日、聚楽にて能、秀次六番を演ず○この月、嵯峨で鵜飼、賀茂でしゝ狩り○六月二日、蹴鞠を見る○同六日、四月誕生の男子死去○七月八日、小姓の安藤平蔵、紀森で殺される○八月一日、不例○九月四日、伏見で秀吉と会見、秀吉より日本を五分してその四を与えることを示し異見される○同五日、熱海湯治へ出発○一〇月一日、秀吉、秀次娘とお拾との縁組を決める○同一一日、帰洛○同二七日、伏見へ行く○一一月二八日、秀吉、秀次へ九ヵ条の条書を与える○一二月三日、前田玄以屋敷へ行く	正月五日、正親町上皇死去○八月三日、大坂城でお拾（秀頼）誕生○一一月、秀吉、尾張下向
三	一五九四	二七	正月二六日、参内○同二七日、諸家、秀次へ参賀○同二八日、大坂へ下向○二月一〇日、大坂より帰洛○同一四日、賀茂山にて鹿狩○同一六日、伏見城にて秀吉と会見○二月二五日、吉野花見のた	三月二〇日、秀吉、淀城を壊す○四月一一日、秀吉の奏請により近衛信輔を薩摩へ流罪とす○一〇月二〇日、秀吉、聚楽第へ行く

文禄 四	一五九五	二八	め京都を出発○同二九日、吉野にて秀吉らとともに歌会○三月二日、郡山へ立ち寄ったのち、同四日帰洛○四月二日、京都にて秀吉と会見○同二一日、賀茂山にて鹿狩○同二七日、大坂へ下向、翌日大坂城にて御拾と会い、翌日帰洛○七月二一日、鷹野○九月一一日、比叡山にて狩り○一〇月一二日、八瀬辺にて狩り○一一月二日、聚楽第にて能○同五日、尾張へ下向○同一三日、清須にて鷹野○一二月七日、浜松にて鷹野○同一七日、帰洛○一二月二〇日、伏見へ渡御○同二七日、鷹野 元旦、参内○同三日、諸家、秀次へ参賀○同一二日、大坂へ下向し、二九日以前に帰洛○二月一日、鞍馬山へ狩り○同二九日、八瀬にて猪狩り○三月八日、秀吉、聚楽第へ渡御○同二四日、謡本注釈書の作成を命ず○四月一八日、このころ伏見へ在留○五月一六日、源氏物語の外題を命ず○同二一日、伏見にて能、秀吉と北政所とともに御成、二四日ころまで伏見へ在留○六月三日、秀吉、蒲生氏の会津領没収を命じるも、二一日までに取りやめとなる○六月七日、帰洛○同一四日、霍乱○同一九日、伏見へ下向し煩う○同二八日までに帰洛○	四月一八日、弟秀保死去○八月二五日、右大臣菊亭晴季を越後へ流す○八月、聚楽第を破却す○一〇月八日、清須へ福島正則を入れる

七月三日、秀吉と不和状態となる○同七日、所労○同八日、高野山へ出発○同一〇日、高野山へ着○同一五日、自害す○八月二日、秀次の妻子たち三条河原にて処刑される

参考文献 （自治体史は省略した）

一　史　料

『浅野家文書』（大日本古文書家わけ二、東京大学史料編纂所編）　一九〇六年
「医学天正記」乾坤（大塚敬節・矢数道明『近世漢方医学集成』六　曲直瀬玄朔）　名著出版　一九七九年
『上杉家御年譜』三　米沢温故会　一九七六年
「雨月物語」（『上田秋成全集』七）　中央公論社　一九九〇年
「宇野主水日記」（『石山本願寺日記』下）　一九六六年
「恨の介」（日本古典文学大系90『仮名草子集』）　岩波書店　一九六五年
『御ゆとの丶上日記』八　群書類従完成会　一九三四年
『加賀藩史料』第一編（前田家編集部編）　清文堂出版　一九七〇年
「兼見卿記」（東京大学史料編纂所架蔵）
「兼見卿記」一～六（天理図書館報『ビブリア』一一八～一二三）　天理大学附属天理図書館　二〇〇二～五年

『グスマン東方伝道史』下（新井トシ訳）　養徳社　一九四五年
『「九戸の戦」四〇〇年記念　九戸の戦関係文書集』（二戸市歴史民俗資料館編）　二戸市教育委員会編　一九九一年
『黒田家文書』第一（福岡市博物館編）　福岡市博物館　一九九九年
『三藐院記』（史料纂集）　続群書類従完成会　一九七五年
『十六・七世紀イエズス会日本報告集』第Ⅰ期第二（松田毅一監訳）　同朋社　一九八七年
「聚楽第行幸記」（『群書類従』第三輯）　続群書類従完成会　一九五九年
「聚楽物語」（『続群書類従』第三十輯下）　続群書類従完成会　一九七九年
『相国寺蔵西笑和尚文案』　思文閣出版　二〇〇七年
「史料稿本」（東京大学史料編纂所編）
『増補駒井日記』（藤田恒春校訂）　文献出版　一九九二年
『大かうさまくんきのうち』（慶應義塾大学付属研究書斯道文庫編）　汲古書院　一九八〇年
『大日本史料』第十一編九（東京大学史料編纂所編）　東京大学出版会　一九五二年
『伊達家文書』（大日本古文書家わけ三、東京大学史料編纂所編）　一九六九年
『伊達治家記録』二　宝文堂出版販売(株)会社　一九七三年
「伊達日記」（『群書類従』第二一輯）　続群書類従完成会　一九五九年
『多聞院日記』四・五（増補続史料大成、辻善之助・竹内理三編）　臨川書店　一九七八年

『言経卿記』一～六（大日本古記録、東京大学史料編纂所編纂）　岩波書店　一九六七年
『時慶記』一（時慶記研究会編）　臨川書店　二〇〇一年
「特集秀次事件」（愛知県史編集委員会編『愛知県史』資料編13　織豊3）　愛知県　二〇一〇年
『豊臣秀吉文書目録』（三鬼清一郎編）　一九八九年
『豊臣秀吉文書目録』（補遺1）（三鬼清一郎編）　一九九六年
「日々記」（内閣文庫架蔵）
『晴豊記』（増補続史料大成、辻善之助・竹内理三編）　臨川書店　一九六七年
『弘前の文化財―津軽藩初期文書集成―』（弘前の文化財シリーズ№1）　弘前市教育委員会　一九八八年
『フロイス日本史』（松田毅一・川崎桃太訳）　中央公論社　一九七七年
「光豊公記」（京都大学総合博物館架蔵）
『綿考輯録』二　忠興公(上)（出水叢書、細川護貞監修）　汲古書院　一九八八年
『モンタヌス日本誌』（和田萬吉訳）　丙午出版社　一九二五年
『山内家史料』第一代一豊公紀　山内神社宝物資料館　一九八〇年
『鹿苑院公文帳』　続群書類従完成会　一九九六年
『鹿苑日録』三（辻善之助編）　続群書類従完成会　一九三五年

二　編著書・論文

朝尾直弘「豊臣政権論」(岩波講座『日本歴史』近世1)　岩波書店　一九六〇年

朝尾直弘「幕藩制と天皇」(『大系　日本国家史3　近世』)　東京大学出版会　一九七五年

朝尾直弘『天下一統』(大系日本の歴史8)　小学館　一九八八年

朝尾直弘「16世紀後半の日本」(岩波講座『日本通史』第11巻近世1)　岩波書店　一九九三年

朝尾直弘『朝尾直弘著作集』第三　将軍権力の創出　岩波書店　二〇〇四年

朝尾直弘『朝尾直弘著作集』第四　豊臣・徳川の政治権力　岩波書店　二〇〇四年

朝尾直弘『朝尾直弘著作集』第八　近世とはなにか　岩波書店　二〇〇四年

跡部信「豊臣政権の代替わり」(『大阪城天守閣紀要』第二八)　大阪城天守閣　二〇〇〇年

阿部一彦「近世初期軍記と『武功夜話』―関白豊臣秀次事件をめぐって―」(『愛知淑徳大学論集』文学部・文学研究科篇)三三　二〇〇八年

荒木良雄『安土桃山時代文学史』　角川書店　一九六九年

荒木六之助『関白秀次評伝』　私家版　一九八一年

粟野秀穂「豊臣秀次を回想して」(『史蹟と古美術』第一七巻四)　国史普及会史蹟踏査部　一九三六年

伊藤正義　「謡抄考（上・中・下）」（『文学』四五―一一、四五―一二、四六―一）
岩波書店　一九七七～七八年
井村米太郎　『秀次公』　私家版　一九一八年
入江康平　『堂射―武道における歴史と思想―』　第一書房　二〇一一年
岩堀光　『乱将　関白秀次』　あまとりあ社　一九五五年
岡田正之　「豊臣秀次の事に就きて」（『史学雑誌』三八）　一八九三年
小和田哲男　『豊臣秀次　「殺生関白」の悲劇』（PHP新書197）　PHP研究所　二〇〇二年
筧五百里　「謡抄の撰者に関する異説に就いて」
（『国語と国文学』昭和四年十二月号）　一九二九年
蔭木英男　「『倒痾集』の世界―織豊時代の五山文学管見―」
（古典文庫『雄長老集』上）　古典文庫　一九九七年
金子拓　「人掃令を読みなおす」（山本博文・堀新・曾根勇二編『消された秀吉の真実―徳川史観を越えて―』　柏書房　二〇一一年
河内将芳　『秀吉の大仏造立』　法蔵館　二〇〇八年
川瀬一馬　「関白秀次の古筆（典籍）蒐集と金沢文庫」（『かがみ』特別号）
大東急記念文庫　一九六六年
川瀬一馬　『日本における書籍蒐蔵の歴史』　ぺりかん社　一九九九年

北島万次「豊臣政権論」（講座日本近世史『幕藩制国家の成立』）　有斐閣　一九八一年
北島万次『豊臣政権の対外認識と朝鮮侵略』　校倉書房　一九九〇年
黒田和子『浅野長政とその時代』　校倉書房　二〇〇〇年
黒田智「豊臣秀次・妻子像を読み解く」（『文学』隔月刊　第一〇巻五号）　岩波書店　二〇〇九年
桑田忠親『桃山時代の女性』（日本歴史叢書30　日本歴史学会編）　吉川弘文館　一九七二年
桑田忠親『豊臣秀吉研究』　角川書店　一九七五年
小高敏郎『近世初期文壇の研究』　明治書院　一九六四年
小林清治『奥州仕置の構造』　吉川弘文館　二〇〇三年
斎木一馬「関白秀次の謀叛―独裁政権の一陰翳として―」（『日本歴史』一七）　一九四九年
坂本箕山「豊太閤と秀次」（『歴史公論』四九）　雄山閣　一九三六年
桜井成廣『豊臣秀吉の居城』　日本城郭資料出版会　一九七〇年
島田成矩『堀尾吉晴』　今井書店　一九九五年
下村信博「文献からみた清須城下町の変遷」（第五回東海埋蔵文化財研究会編『清須―織豊期の城と都市―　研究報告編』）　東海埋蔵文化財研究会　一九八九年
諏訪勝則「織豊政権と三好康長―信孝・秀次の養子入りをめぐって―」（米原正義先生古稀記念論文集『戦国織豊期の政治と文化』）　続群書類従完成会　一九九三年

諏訪勝則「関白秀次の文芸政策」（『栃木史学』第九号）　一九九五年
関　靖『金沢文庫の研究』　藝林舎　一九七六年
竹越與三郎『日本経済史』三　日本経済史刊行会　一九二三年
田端泰子『北政所おね』（ミネルヴァ日本評伝選）　ミネルヴァ書房　二〇〇七年
徳富猪一郎『近世日本国民史』豊臣時代甲～庚編（普及版）　明治書院　一九三五年
中野　等「太閤・関白並立期の豊臣政権について」（『歴史評論』五〇七）　一九九二年
中野　等『豊臣政権の対外侵略と太閤検地』　校倉書房　一九九六年
中野　等『筑後国主　田中吉政／忠政』（柳川の歴史3　柳川市史編集委員会編）　二〇〇七年
永原慶二「織豊政権と天皇」（講座　前近代の天皇2『天皇権力の構造と展開　その2』）　青木書店　一九九三年
成沢邦正『悲運の関白　豊臣秀次』　近江八幡郷土史研究会　一九七六年
播磨良紀「関白殿物語」上・下（『愛知県史研究』第十六・十七）　二〇一二・一三年
福田千鶴『江の生涯』（中公新書）　中央公論社　二〇一〇年
藤井讓治編『織豊期主要人物居所集成』　思文閣出版　二〇一一年
藤田恒春『豊臣秀次の研究』　文献出版　二〇〇三年
藤田恒春「聚楽第をめぐる豊臣秀次と賀茂の氏人」（大山喬平監修『上賀茂のもり・やしろ・まつり』）　思文閣出版　二〇〇六年

藤田恒春「豊臣秀次の居所と行動」（藤井譲治編『織豊期主要人物居所集成』）思文閣出版　二〇一一年
藤田恒春「羽柴秀吉の阿波攻めにおける秀次」（『史窓』四三）徳島地方史研究会　二〇一三年
藤田恒春「史料紹介　奥羽仕置における豊臣秀次—新出徳川家康書状の紹介—」（『織豊期研究』一六）　二〇一四年
松崎實『伴天連見聞録　殺生関白行状記』日本評論社　一九三〇年
松田毅一訳『一六—一七世紀日本・スペイン交渉史』大修館書店　一九九四年
松原一義「多和文庫蔵『秀次もの語』の翻刻」（『國文學攷』一一〇）　一九八六年
三鬼清一郎「人掃令をめぐって」（『名古屋大学日本史論集』下）吉川弘文館　一九七五年
三鬼清一郎「太閤検地と朝鮮出兵」（岩波講座『日本歴史9』近世1）岩波書店　一九七五年
三鬼清一郎「御掟・御掟追加をめぐって」（尾藤正英先生還暦記念会編『日本近世史論叢』上）吉川弘文館　一九八四年
三鬼清一郎「豊臣政権」（『日本歴史大系3　近世』）山川出版社　一九八八年
三鬼清一郎「豊臣秀吉文書に関する基礎的研究」（『名古屋大学文学部研究論集』史学　三四）　一九八八年
三鬼清一郎「信長・秀吉とその時代」（『説話文学研究』三六）　二〇〇一年
三鬼清一郎「織豊期における官位制論をめぐって」（『歴史科学』一七一）　二〇〇二年

三鬼清一郎『豊臣政権の法と朝鮮出兵』青史出版　二〇一二年
三鬼清一郎『織豊期の国家と秩序』青史出版　二〇一二年
宮本義己「豊臣政権の医療体制―施薬院全宗の医学行跡を中心として―」(『帝京史学』二)　一九八七年
宮本義己「豊臣政権の番医―秀次事件における番医の連座とその動向―」(『國史学』一三三)　一九八七年
宮本義己「豊臣政権における太閤と関白―豊臣秀次事件の真因をめぐって―」(『國學院雜誌』八九編二)　一九八八年
矢部健太郎「秀次事件と血判起請文・「掟書」の諸問題―石田三成・増田長盛連署血判起請文を素材として―」(山本博文・堀新・曽根勇二編『消された秀吉の真実―徳川史観を越えて―』)　柏書房　二〇一一年
雄山閣編輯局『異説日本史』第五(人物篇㈤豊臣秀次)　雄山閣　一九三一年
横田冬彦「幕藩制前期における職人編成と身分」(『日本史研究』二三五号)　日本史研究会　一九八二年
渡邊世祐『安土桃山時代史』早稲田大学出版部　一九〇七年
渡邊世祐「豊臣秀次」(『豊太閤と其の家族』)　日本学術普及会　一九一九年
渡邊世祐『豊太閤の私的生活』(日本文化名著選)　創元社　一九三九年

著者略歴
一九五二年生まれ
一九七九年関西大学大学院博士課程前期課程修了
主要著書
『豊臣秀次の研究』(文献出版、二〇〇三年)
『小堀遠江守正一発給文書の研究』(東京堂出版、二〇一二年)

人物叢書　新装版

豊臣秀次

二〇一五年(平成二十七)三月一日　第一版第一刷発行

著　者　藤《ふじ》田《た》恒《つね》春《はる》
編集者　日本歴史学会
代表者　笹山晴生
発行者　吉川道郎
発行所　株式会社　吉川弘文館
東京都文京区本郷七丁目二番八号
郵便番号一一三—〇〇三三
電話〇三—三八一三—九一五一〈代表〉
振替口座〇〇一〇〇—五—二四四
http://www.yoshikawa-k.co.jp/
印刷＝株式会社 平文社
製本＝ナショナル製本協同組合

ISBN978-4-642-05273-3

『人物叢書』(新装版)刊行のことば

人物叢書は、個人が埋没された歴史書が盛行した時代に、「歴史を動かすものは人間である。個人の伝記が明らかにされないで、歴史の叙述は完全であり得ない」という信念のもとに、専門学者に執筆を依頼し、日本歴史学会が編集し、吉川弘文館が刊行した一大伝記集である。

幸いに読書界の支持を得て、百冊刊行の折には菊池寛賞を授けられる栄誉に浴した。

しかし発行以来すでに四半世紀を経過し、長期品切れ本が増加し、読書界の要望にそい得ない状態にもなったので、この際既刊本の体裁を一新して再編成し、定期的に配本できるような方策をとることにした。既刊本は一八四冊であるが、まだ未刊である重要人物の伝記についても鋭意刊行を進める方針であり、その体裁も新形式をとることとした。

こうして刊行当初の精神に思いを致し、人物叢書を蘇らせようとするのが、今回の企図である。大方のご支援を得ることができれば幸せである。

昭和六十年五月

日本歴史学会

代表者 坂本太郎

北条重時　森　幸夫著
親鸞　赤松俊秀著
北条時頼　高橋慎一朗著
日蓮　大野達之助著
阿仏尼　田渕句美子著
北条時宗　川添昭二著
一遍　大橋俊雄著
叡尊・忍性　和島芳男著
京極為兼　井上宗雄著
金沢貞顕　永井　晋著
菊池氏三代　杉本尚雄著
新田義貞　峰岸純夫著
花園天皇　岩橋小弥太著
赤松円心・満祐　高坂　好著
卜部兼好　冨倉徳次郎著
覚如　重松明久著
足利直冬　瀬野精一郎著
佐々木導誉　森　茂暁著
細川頼之　小川　信著
足利義満　臼井信義著
今川了俊　川添昭二著
足利義持　伊藤喜良著
世阿弥　今泉淑夫著
上杉憲実　田辺久子著

山名宗全　川岡　勉著
一条兼良　永島福太郎著
亀泉集証　今泉淑夫著
蓮如　笠原一男著
宗祇　奥田　勲著
万里集九　中川徳之助著
三条西実隆　芳賀幸四郎著
大内義隆　福尾猛市郎著
ザヴィエル　吉田小五郎著
三好長慶　長江正一著
今川義元　有光友學著
武田信玄　奥野高広著
朝倉義景　水藤　真著
浅井氏三代　宮島敬一著
織田信長　池上裕子著
明智光秀　高柳光寿著
大友宗麟　外山幹夫著
千利休　芳賀幸四郎著
豊臣秀次　藤田恒春著
足利義昭　奥野高広著
前田利家　岩沢愿彦著
長宗我部元親　山本　大著
安国寺恵瓊　河合正治著
石田三成　今井林太郎著

真田昌幸　柴辻俊六著
高山右近　海老沢有道著
島井宗室　田中健夫著
淀君　桑田忠親著
片桐且元　曽根勇二著
藤原惺窩　太田青丘著
支倉常長　五野井隆史著
伊達政宗　小林清治著
天草時貞　岡田章雄著
立花宗茂　中野　等著
宮本武蔵　大倉隆二著
小堀遠州　森　蘊著
徳川家光　藤井讓治著
由比正雪　進士慶幹著
佐倉惣五郎　児玉幸多著
林羅山　堀　勇雄著
松平信綱　大野瑞男著
国姓爺　石原道博著
野中兼山　横川末吉著
隠元　平久保章著
徳川和子　久保貴子著
酒井忠清　福田千鶴著
朱舜水　石原道博著
池田光政　谷口澄夫著

山鹿素行　堀 勇雄著
井原西鶴　森 銑三著
松尾芭蕉　阿部喜三男著
三井高利　中田易直著
河村瑞賢　古田良一著
徳川光圀　鈴木暎一著
契 沖　久松潜一著
市川団十郎　西山松之助著
伊藤仁斎　石田一良著
徳川綱吉　塚本 学著
貝原益軒　井上 忠著
前田綱紀　若林喜三郎著
近松門左衛門　河竹繁俊著
新井白石　宮崎道生著
鴻池善右衛門　宮本又次著
石田梅岩　柴田 実著
太宰春台　武部善人著
徳川吉宗　辻 達也著
大岡忠相　大石 学著
賀茂真淵　三枝康高著
平賀源内　城福 勇著
与謝蕪村　田中善信著
三浦梅園　田口正治著
毛利重就　小川國治著

本居宣長　城福 勇著
山村才助　鮎沢信太郎著
木内石亭　斎藤 忠著
小石元俊　山本四郎著
山東京伝　小池藤五郎著
杉田玄白　片桐一男著
塙 保己一　太田善麿著
上杉鷹山　横山昭男著
大田南畝　浜田義一郎著
只野真葛　関 民子著
小林一茶　小林計一郎著
大黒屋光太夫　亀井高孝著
松平定信　高澤憲治著
菅江真澄　菊池勇夫著
島津重豪　芳 即正著
狩谷棭斎　梅谷文夫著
最上徳内　島谷良吉著
渡辺崋山　佐藤昌介著
柳亭種彦　伊狩 章著
香川景樹　兼清正徳著
平田篤胤　田原嗣郎著
間宮林蔵　洞 富雄著
滝沢馬琴　麻生磯次著
調所広郷　芳 即正著

橘 守部　鈴木暎一著
黒住宗忠　原 敬吾著
水野忠邦　北島正元著
帆足万里　帆足図南次著
江川坦庵　仲田正之著
藤田東湖　鈴木暎一著
広瀬淡窓　井上義巳著
大原幽学　中井信彦著
島津斉彬　芳 即正著
月 照　友松圓諦著
橋本左内　山口宗之著
井伊直弼　吉田常吉著
吉田東洋　平尾道雄著
佐久間象山　大平喜間多著
真木和泉　山口宗之著
高島秋帆　有馬成甫著
シーボルト　板沢武雄著
高杉晋作　梅溪 昇著
川路聖謨　川田貞夫著
横井小楠　圭室諦成著
小松帯刀　高村直助著
山内容堂　平尾道雄著
江藤新平　杉谷 昭著
和 宮　武部敏夫著

西郷隆盛　田中惣五郎著
ハリス　坂田精一著
森有礼　犬塚孝明著
松平春嶽　川端太平著
中村敬宇　高橋昌郎著
河竹黙阿弥　河竹繁俊著
寺島宗則　犬塚孝明著
樋口一葉　塩田良平著
ジョセフ＝ヒコ　近盛晴嘉著
勝海舟　石井孝著
臥雲辰致　村瀬正章著
黒田清隆　井黒弥太郎著
伊藤圭介　杉本勲著
福沢諭吉　会田倉吉著
星亨　中村菊男著
中江兆民　飛鳥井雅道著
西村茂樹　高橋昌郎著
正岡子規　久保田正文著
清沢満之　吉田久一著
滝廉太郎　小長久子著
副島種臣　安岡昭男著
田口卯吉　田口親著
福地桜痴　柳田泉著
陸羯南　有山輝雄著

児島惟謙　田畑忍著
荒井郁之助　原田朗著
幸徳秋水　西尾陽太郎著
ヘボン　高谷道男著
石川啄木　岩城之徳著
乃木希典　松下芳男著
岡倉天心　斎藤隆三著
桂太郎　宇野俊一著
徳川慶喜　家近良樹著
加藤弘之　田畑忍著
山路愛山　坂本多加雄著
伊沢修二　上沼八郎著
秋山真之　田中宏巳著
前島密　山口修著
成瀬仁蔵　中嶌邦著
前田正名　祖田修著
大隈重信　中村尚美著
山県有朋　藤村道生著
大井憲太郎　平野義太郎著
河野広中　長井純市著
富岡鉄斎　小高根太郎著
大正天皇　古川隆久著
津田梅子　山崎孝子著
豊田佐吉　楫西光速著

渋沢栄一　土屋喬雄著
有馬四郎助　三吉明著
武藤山治　入交好脩著
坪内逍遙　大村弘毅著
山室軍平　三吉明著
南方熊楠　笠井清著
山本五十六　田中宏巳著
中野正剛　猪俣敬太郎著
河上肇　住谷悦治著
牧野伸顕　茶谷誠一著
御木本幸吉　大林日出雄著
尾崎行雄　伊佐秀雄著
緒方竹虎　栗田直樹著
石橋湛山　姜克實著
八木秀次　沢井実著

▽以下続刊